Michel André

Quelques idées pour homélies

Michel André

Quelques idées pour homélies

Pour dimanches année lithurgique B en 2015

Éditions Croix du Salut

Impressum / Mentions légales
Bibliografische Information der Deutschen Nationalbibliothek: Die Deutsche Nationalbibliothek verzeichnet diese Publikation in der Deutschen Nationalbibliografie; detaillierte bibliografische Daten sind im Internet über http://dnb.d-nb.de abrufbar.
Alle in diesem Buch genannten Marken und Produktnamen unterliegen warenzeichen-, marken- oder patentrechtlichem Schutz bzw. sind Warenzeichen oder eingetragene Warenzeichen der jeweiligen Inhaber. Die Wiedergabe von Marken, Produktnamen, Gebrauchsnamen, Handelsnamen, Warenbezeichnungen u.s.w. in diesem Werk berechtigt auch ohne besondere Kennzeichnung nicht zu der Annahme, dass solche Namen im Sinne der Warenzeichen- und Markenschutzgesetzgebung als frei zu betrachten wären und daher von jedermann benutzt werden dürften.

Information bibliographique publiée par la Deutsche Nationalbibliothek: La Deutsche Nationalbibliothek inscrit cette publication à la Deutsche Nationalbibliografie; des données bibliographiques détaillées sont disponibles sur internet à l'adresse http://dnb.d-nb.de.
Toutes marques et noms de produits mentionnés dans ce livre demeurent sous la protection des marques, des marques déposées et des brevets, et sont des marques ou des marques déposées de leurs détenteurs respectifs. L'utilisation des marques, noms de produits, noms communs, noms commerciaux, descriptions de produits, etc, même sans qu'ils soient mentionnés de façon particulière dans ce livre ne signifie en aucune façon que ces noms peuvent être utilisés sans restriction à l'égard de la législation pour la protection des marques et des marques déposées et pourraient donc être utilisés par quiconque.

Coverbild / Photo de couverture: www.ingimage.com

Verlag / Editeur:
Éditions Croix du Salut
ist ein Imprint der / est une marque déposée de
OmniScriptum GmbH & Co. KG
Heinrich-Böcking-Str. 6-8, 66121 Saarbrücken, Deutschland / Allemagne
Email: info@editions-croix.com

Herstellung: siehe letzte Seite /
Impression: voir la dernière page
ISBN: 978-3-8416-9934-3

Copyright / Droit d'auteur © 2015 OmniScriptum GmbH & Co. KG
Alle Rechte vorbehalten. / Tous droits réservés. Saarbrücken 2015

QUELQUES IDEES POUR HOMELIES

POUR DIMANCHES ANNEE LITURGIQUE B EN 2015

TABLE DES MATIERES

Chap. 1	Temps de Noël Epiphanie Baptême du Seigneur	p. 3
Chap. 2	Temps ordinaire Premier au Sixième Dimanche	p. 6
Chap. 3	Carême et Rameaux	p. 14
Chap. 4	Temps Pascal Pentecôte Trinité Fête Dieu	p. 25
Chap 5	Temps ordinaire 11ème au 34ème Dimanches Toussaint Christ Roi	p. 40

INTRODUCTION

Le Christ Jésus désire **l'adhésion franche du plus grand nombre à la Bonne Nouvelle** (Mc 16, 15). L'homélie, au cours des eucharisties, est un élément essentiel pour remplir cette mission, Dieu nous a confié le trésor irremplaçable de sa « Parole » et c'est **à partir de ce trésor** qu'il s'agit, dans ce travail, de tirer de l'ancien et du nouveau pour les homélies.

« L'ancien » est déjà abondant au sein de l'Eglise. Certes, mais, pour autant, l'Esprit, toujours à l'œuvre, suscite sans cesse du « nouveau » ! Cet apport, sans bousculer « l'ancien », renforce l'accueil, la compréhension et l'intégration de la Bonne Nouvelle, pour notre temps.

En ce qui concerne **la forme**, de nombreux « traités » et institutions ont dispensé de non moins nombreux et judicieux conseils propres à susciter l'attention et l'intérêt de l'auditoire en vue de faciliter son adhésion à la Bonne Nouvelle. Il n'est pas dans notre propos d'intervenir à ce sujet. En ce qui concerne **le fond,** par contre, nous pouvons proposer aux auditeurs, lors des homélies, ces merveilleuses **« nouveautés ».** Ceci dans la fidélité à la véritable **tradition de l'Eglise**, qui est positive, active et non figée dans l'immobilisme.

Il va sans dire que le principal acteur de cette « conversion » est **l'Esprit.** C'est à lui que nous avons recours pour toute préparation d'homélie, **<u>par la prière préalable</u>.**

En fin de compte, l'homélie doit non seulement faciliter la compréhension de la Parole de Dieu, mais surtout entraîner **l'adhésion des auditeurs à la Bonne Nouvelle du Christ**.

Elle doit donc mettre en relief **l'originalité de cette Bonne Nouvelle et** la présenter comme étant effectivement, le plus sur moyen d'atteindre **ce qu'attendent les auditeurs, à savoir, le BONHEUR dans le Royaume, mais aussi dés maintenant… puisque le Royaume est déjà là !**

Il ne s'agit donc pas de proposer, dans cet ouvrage, des « modèles passe-partout » d'homélies. On essaiera plutôt d'ouvrir **des « pistes nouvelles » à** partir <u>de la Parole de Dieu!</u>

CHAPITRE PREMIER

DIMANCHE EPIPHANIE

ANNEE B (4janvier 2015)

Is 60, 1-6 Ps 66 Gal 4, 4-7 Lc 2, 16

Revelation du fils unique de dieu aux nations

Fil conducteur :

Tous les efforts de l'humanité pour connaître son origine, donc son Dieu, par ses propres forces, sont vains, si Lui-même ne se révèle à elle!

D'où l'importance de cette démarche amoureuse de Dieu que nous fêtons aujourd'hui, l'EPIPHANIE, révélation de son Fils, par Dieu, aux nations!

Mais quelle responsabilité entraîne alors, pour les hommes, l'accueil et **la réponse qu'ils font, dans leur liberté, à cette démarche de Dieu!** La connaissance de celle-ci, de cette "Révélation" place chacun de nous devant un choix crucial!

Principaux points :

1) Il y a **le choix des mages,** dont l'intelligence et le savoir n'ont d'égal que l'accueil, l'ouverture, la reconnaissance de leurs limites : ils ne craignent pas d'interroger ceux qui en sauraient plus qu'eux, à propos de ce "petit roi des juifs". Les mages et ceux qui font le même choix de soumission à Dieu sont des "chercheurs", des vrais, pas des apprentis sorciers qui ne cherchent que leur propre gloire!

2) Il y a le choix des juifs de l'époque, dans leur grande majorité et d'Hérode, dans son cynisme. Les premiers étaient confortablement installés dans leurs habitudes de pensée et de pratique, surtout en ce que ces habitudes les confortaient dans l'illusion de leur supériorité. Ils croyaient tout savoir sur le Messie et entendaient ne pas être dérangés…même pas par Dieu!

Quant à Hérode, c'était un individu qui ne respectait pas Dieu et ne craignait pas les hommes… ni l'emploi de tous les moyens, fussent-ils horribles, pour

arriver à ses fins: le pouvoir. Dans l'un et l'autre cas, c'est un choix de fermeture à Dieu, à l'Amour!
3) Pour nous aujourd'hui, dans la ligne des mages, nous avons à **choisir la véritable "mondialisation" du salut, inaugurée par l'Epiphanie**. C'est une ouverture nouvelle aux "imprévus de Dieu". C'est l'acceptation d'une **"désinstallation"** permanente et difficile, dans notre vie de tous les jours, comme à travers les décisions à prendre et à suivre lors d'événements décisifs! Tout cela dans la confiance en Celui qui s'est révélé à nous pour nous amener au Bonheur.
4) C'est aussi **rechercher et accueillir** tous ces **signes** dont Dieu parsème le monde actuel et la vie de chacun de nous, comme le fut l'étoile pour les mages.
5) Pour cela, il nous faut prendre le temps **d'écouter vraiment Dieu,** dans un moment de calme, chaque jour. Dans cette prière silencieuse, non pas de demande d'abord, mais d'accueil amoureux. L'Esprit nous guidera alors, tel un radar, à travers joies, épreuves, souffrances, pour **éviter les écueils** sur le chemin du Royaume ouvert à tous!

DIMANCHE BAPTEME DU CHRIST

(11 janvier 2015)

Is 55, 1-11   Is 12   1 Jn 5, 1-9   Mc 1, 7-11

Fil conducteur :

Surtout, ne pas confondre :

- **la démarche de tous ces juifs**, conscients des péchés encombrant leur vie, allant vers Jean pour se faire **purifier** par le baptême d'immersion dans le Jourdain, afin de se mieux préparer à la venue du Messie, démarche personnelle de chacun, n'engageant que lui-même et pour lui-même….
- **Et la démarche de jésus**, allant vers le même Jean, pour se plonger dans le même Jourdain, mais **prenant sur ses épaules les péchés de toute l'humanité** depuis Adam et Eve et, par anticipation, jusqu'à la fin des temps. La démarche de Jésus est le lancement officiel de **l'opération "salut",** accomplie par Dieu pour ramener l'humanité sur la voie du Bonheur par L'Amour.

Principaux points:

1) Ce baptême de Jésus nous plonge totalement dans **la solidarité vraie, celle de l'Amour…** autrement dit, celle de Dieu envers tous les hommes, en la personne de Jésus notre sauveur. **C'est pour cela que Jésus, qui n'a aucun péché, s'est mis dans la file des pécheurs.** Nous qui n'aimons pas être accusés "à tort", nous mesurons l'amour dont témoigne, pour nous, cette démarche de Jésus.
2) Ici, **c'est Dieu/Trinité,** Père, Fils et Saint Esprit, **qui s'engage, formellement** pour le sauvetage de toute l'humanité! C'est une opération en deux temps :
    - **Le premier, c'est la prise en charge par le Christ,** lors de sa plongée dans le Jourdain, de tous les péchés des hommes, inauguration de sa « vie publique ».
    - **Le second,** c'est **l'accomplissement** de cette prise en charge par **le sacrifice de Jésus, lors de sa passion et de sa mort à la croix.** C'est ce « baptême » non plus d'eau mais de sang qu'il lui tardait tant de voir accompli!
3) Comprenons que ce baptême du Christ, étape inaugurale de sa mission, est aussi une invitation qui nous est faite à **participer** à l'œuvre de salut du Christ lors de chaque eucharistie.

CHAPITRE DEUX

DEUXIEME DIMANCHE ORDINAIRE B
(18 Janvier 2015)

(Début semaine de prière pour l'Unité)

Suivre l'agneau de Dieu et demeurer avec lui

Fil conducteur:

Jésus est venu véritablement "recoller les morceaux" de l'harmonie initiale entre Dieu et l'humanité, harmonie que l'homme avait détruite par le péché, c'est-à-dire par la volonté de trouver son bonheur en dehors de Dieu/Amour.
C'est en "suivant" Jésus/agneau de Dieu, en "demeurant avec lui qu'à la suite de ses premiers disciples, nous pouvons retrouver l'Unité…chacun, avec lui-même, les uns avec les autres et toute l'humanité avec Dieu!

Principaux points :

1) Dans ce passage d'évangile, après que Jean le Baptiste ait désigné clairement Jésus comme Fils de Dieu, comme étant celui qui va enlever le péché du monde, ce péché de désunion de l'humanité, il va inviter deux disciples à **suivre cet "agneau de Dieu".**
2) Pourquoi faut-il que les disciples suivent celui qui va se sacrifier afin de rétablir l'Unité perdue, pourquoi leur faut-il demeurer avec lui (et il y en aura pour trois ans!)?
3) Par ce que, comme l'expliquera Jean (1Jn 2, 5-6), il faudra qu'en suivant Jésus, en "demeurant" avec lui, ceux qui le suivent en vue du salut, (nous), "passent dans la voie où Lui a marché".
4) Cela veut dire que pour retrouver l'Unité, nous devons…faire comme Jésus, comme **l'agneau véritable**.
   Pas l'agneau édulcoré, blanc comme neige et frisé, image pour enfants sages!
   Le véritable "agneau de Dieu", c'est celui qui nous rejoint dans nos échecs, nos déceptions, nos aspirations bafouées, nos souffrances de toutes sortes, trahisons comprises, car il est passé par là…mais aussi celui qui nous porte,

dans la joie de la résurrection, dans la "douloureuse joie du repentir", dans le bain de la miséricorde.

5) Par l'amour de Jésus, nous pouvons alors unifier à nouveau ce qui était "disloqué":
   - en nous-mêmes, quand le "fort" et le "faible" se disputaient en chacun de nous la première place, ainsi que nous le montre Paul qui a si bien démasqué ces "deux hommes" en lui. L'unité retrouvée sera alors la reconnaissance que nous ne sommes ni "sauveteur" ni "victime", mais "merveille de Dieu" et néanmoins pécheur!
   - entre nous et les autres: couple, famille, nation, humanité toute entière et, particulièrement entre tous les chrétiens, enfants d'un même Père.
   - entre nous et notre Dieu, source de cet Amour qui, seul, peut réaliser l'Unité, non pas superficielle (tout le monde il est beau et gentil!...), mais l'Unité profonde, qui procède de celle-là même qui unit le Père, le Fils et l'Esprit dans la Source trinitaire de l'Amour!

NB On trouvera les développements du (3) dans le tome 1et particulièrement le chap 7, ainsi que dans le tome 3, chap 7 de la série :"Réponses chrétiennes à quelques questions" ISBN 978-3-8416-9824-7 et 978-3-8416-9884-1.

TROISIEME DIMANCHE ORDINAIRE B
(25 janvier 2015)

Mc, chap. 1, 14-20 avec 1 Cor 7, 29-31 Jon 3, 1-5. 10

L'appel des premiers apôtres.

Fil conducteur :

Cet appel, il est aussi pour nous puisqu'il doit être réponse de toute l'humanité à ce que Dieu, dans son Amour miséricordieux, a préparé pour le salut des hommes. Il sollicite de notre part une véritable et donc **libre conversion** à l'Amour !

Principaux points :

1) Marc le situe cet appel dans le temps : **ce temps est celui que Dieu a déterminé.** Ce qui devait précéder la venue du Christ a été « accompli ». De plus, la trentaine d'années vécue par Jésus l'a préparé, au milieu des hommes, à accomplir sa mission.

Donc **Dieu, de son côté**, a fait ce qu'il fallait. Il a mis en place le salut de l'humanité, en envoyant son Fils dans le monde pour y réaliser le salut. Le « règne de Dieu », le triomphe du Bien sur le Mal grâce au sacrifice du Christ est déjà « en route » !

2) **L'humanité doit donc répondre** à cette offre de retour sur le chemin du Bonheur. Comment ? Par la **conversion** et par **l'accueil de la Bonne Nouvelle. C'est à cela que sont appelés les disciples, dont nous-mêmes !**

C'est dans cette perspective que Jésus lance son appel à ces hommes, qui le connaissaient déjà, mais dont il éprouve maintenant la **disponibilité** !

3) Cet appel à la **conversion s'adresse à tous, nous compris**, même si c'est selon des modalités différentes dans le concret. Depuis 2000 ans, cela commence toujours par **une « désinstallation » qui est le début de toute conversion!**

4) Comment opérer concrètement cette désinstallation ?

Nous attacher au Christ n'est possible **qu'en nous détachant de ce qui nous retient trop,** même quand on mène, comme ces pécheurs de Galilée, une vie rude, simple et honnête. Mais il faut être clair là-dessus : Paul vient de nous dire que ceux qui pleurent doivent être comme s'ils ne pleuraient pas, ceux qui sont heureux, comme s'ils ne l'étaient pas et, même, que ceux qui ont une femme doivent faire comme s'ils n'en avaient pas (remarquons, en passant, qu'il ne dit pas aux femmes d'être comme si elles n'avaient pas de mari…et n'allons pas imaginer n'importe quoi !). Il ne s'agit pas de retirer même les clinex aux malheureux qui pleurent, ni la joie à ceux qui sont heureux…ni leurs chères épouses aux hommes qui apprécient leur chance de les avoir et de les aimer ! Non, **ce qui est bon est bon**, surtout quand c'est offert et voulu par Dieu ! (Ne crache pas dans le plat qu'on te tend, dit un proverbe arabe !).

5) Mais le « Bon » est toujours dépassé par le « meilleur » et **le meilleur, nous a dit Paul, c'est l'Amour en plénitude. Nos satisfactions et bonheurs légitimes ne doivent pas** nous écarter de ce que Jésus nous a montré comme étant le « meilleur » :

« **Tu aimeras le Seigneur ton Dieu, de tout ton cœur, de toute ta force et de tout ton esprit…et ton prochain comme toi- même… !** »

C'est bien la clé de cette conversion véritable, dans le concret de notre vie, qui fera de nous des porteurs joyeux de la Bonne Nouvelle, « pécheurs d'hommes » nous aussi !

6) Il est donc essentiel de changer notre regard sur les autres et, pour cela, commencer par **changer le regard que nous avons sur nous-mêmes,** que nous apprenions à nous connaître nous-mêmes, en toute vérité et non dans l'illusion (cf Tome 1 de « Réponses chrétiennes à quelques questions » chap 1 et 7) **: c'est le début de la conversion.**

Ce dimanche tombe à la fin de la semaine de l'Unité. On peut ajouter ici : Il y a là un appel à des relations nouvelles avec « le prochain », en le considérant comme étant aimé de Dieu autant que nous le sommes (et en particulier vis-à-vis de tous nos frères chrétiens).

On dit parfois qu'on choisit ses amis, mais pas sa famille ! Mais nos « frères en Christ » des autres dénominations chrétiennes, c'est pourtant bien notre famille : Jésus nous les a donnés comme frères, de la part de notre Père commun !

QUATRIEME DIMANCHE ORDINAIRE B
(1er Février 2015)

Dt 18, 15-20   Ps 94   1 Cor 7, 32-35   Mc 1, 21-28

Lancement de la « Bonne Nouvelle ».

Fil conducteur :

La Bonne Nouvelle de notre salut est, en elle-même, une libération. Rien d'étonnant, par conséquent, que son annonce se fasse lors de la « libération » d'une victime de l'Adversaire et nous mette dans la joie et la paix !

Principaux points :

1) Cette intervention de Jésus à la synagogue de Capharnaüm, c'est un peu le **coup d'envoi médiatique de sa campagne « Bonne Nouvelle »** et l'assistance ne s'y trompe pas, frappée par cet « enseignement, nouveau, car donné avec autorité ». Cela tranchait sur la **fausse « tradition » des scribes,** qui n'était

qu'immobilisme et non cette adaptation bénéfique de la compréhension de la Loi au vécu concret du Peuple de Dieu, qu'elle aurait dû être.

2) Par contre, l'enseignement de Jésus porte sur **la vraie façon « d'accomplir » la Loi, en pratiquant l'amour véritable**. Il nous faut accueillir les progrès de l'humanité, ceux des sciences, par exemple, à condition que leurs applications soient conformes au Plan de Dieu. Il **nous faut rejeter, par contre, les innovations fantaisistes ou nuisibles allant à l'encontre du Plan de Dieu** (voir même du simple « bon sens »…comme le mariage unisexe), sans rejeter pour autant leurs protagonistes.

3) A propos du mariage, d'ailleurs, Paul vient de nous montrer les **principes immuables**, conformes au Plan de Dieu, mais aussi, **certaines visions (sur les « rôles » masculin et féminin, par exemple) appelées à évoluer dans un contexte différent**, afin de rester, justement, conformes au Plan de Dieu.

4) Les arguments en faveur du célibat consacré et du mariage, sont à prendre dans cette perspective de recherche du « meilleur », mais toujours **en fonction de l'appel personnel de Dieu sur chacun !** A nous, donc, de bien discerner l'appel de Dieu!

5) Le caractère novateur de cet enseignement de Jésus va, bien entendu, attirer l'opposition acharnée des « Puissances du Mal », dont les « révélations » trahissent leur origine maléfique par le simple fait **qu'elles sèment le trouble.** Cette caractéristique reste toujours valable de nos jours et doit nous aider à discerner ce qui vient de Dieu par rapport à ce qui s'oppose à Lui !

6) Cette intervention de Jésus, associant miracle et enseignement libérateur, nous incite à toujours rechercher, au-delà du miracle, la **volonté libératrice profonde de Dieu sur chacun de nous !**

CINQUIEME DIMANCHE ORDINAIRE B
(8 Février 2015)

Mc 1, 21-39 avec Jb 7, 1-4. 6-7 Ps 146 1 Cor 9,16-19.

La guérison globale.

Fil conducteur :

Ne voir que le côté confort dans la « guérison » est insuffisant. C'est pourtant la tendance humaine. Jésus, lui, nous montre que la guérison ne saurait être isolée de ce qui la précède, la prière (Mc 9, 14-51), et de ce qui la suit, le changement d'orientation, en particulier vers le service (Mc 1, 30-31). **La guérison doit être « globale »** !

Principaux points :

1) **C'est toujours le même malentendu** : Jésus veut la **guérison globale de l'homme**, alors que ses disciples, la foule…et nous- mêmes, recherchons d'abord **la réalisation de notre plan personnel, la solution des seuls problèmes immédiats qui nous gênent.**
2) Jésus va donc tout à la fois :
   - Exercer toute la compassion de Dieu (cette compassion qui, avec la miséricorde est l'expression de l'amour de Dieu pour les hommes). Il va être **attentif à lever ce qui, dans les misères humaines de toutes sortes, pourrait être obstacle** à l'adhésion de l'homme à la « Bonne Nouvelle » (cf Job)-
- Mais aussi, au moment voulu, il met **un brutal cran d'arrêt** à ce « Show-guérison » en s'échappant pour aller prier, loin de la foule. Il va s'en expliquer devant ses disciples stupéfaits, qui, comme nous dans les mêmes circonstances…ne comprennent plus ! En agissant ainsi, il souligne l'absolue **nécessité de la prière** et particulièrement de la prière d'intimité, en précession et accompagnement de toute action.
3) La guérison de la belle-mère de Pierre montre bien que cette intervention n'est pas accordée seulement pour un « confort physique », mais qu'elle est invitation à « servir ». Ainsi, nous avons tous à **participer au Plan de salut de Dieu pour l'humanité**, en priorité par rapport à la réalisation de notre propre plan ! Il nous faut donc mettre nos capacités physiques, intellectuelles, spirituelles…au service de la Bonne Nouvelle.
Comme dit Paul : "Malheur à moi si je n'annonce pas l'évangile!" (1 Cor 9).

4) **Le salut n'est pas quelque chose de « magique »**. Il demande la participation de tout notre être !
A cet égard, on peut raconter l'histoire suivante : un village avait toujours bénéficié de l'intercession d'un saint homme qui, lorsqu'il priait, attachait son chat au pied de son lit. Quand le « saint » mourut, les villageois, qui se contentaient jusque là de profiter de cette protection sans se soucier de Dieu, pensèrent qu'il suffirait d'attacher les chats au pied des lits pour être protégés. Délaissant toute prière et attention envers Dieu, ils attachèrent les chats…et furent fort étonnés des épreuves difficiles qui fondirent sur eux !

SIXIEME DIMANCHE ORDINAIRE B
(15 Février 2015)

Marc 1, 40-45 avec Lv 13 et 1 Cor 10

Guérison du lépreux.

Fil conducteur :

Quand s'ajoute à la souffrance physique de la maladie la cassure de la relation avec les autres, la dignité de la personne est en danger. Jésus entend l'appel de détresse du lépreux, menacé dans sa vie et plus encore mis au ban de la société, privé de sa dignité d'image de Dieu. Il répond alors immédiatement à cet appel pathétique! Allons-nous répondre aussi vite que lui quand nous sommes sollicités dans ce même domaine?

Principaux points:

1) C'est une **guérison globale** dont Jésus veut faire bénéficier tous les hommes et pas seulement une guérison physique.
2) Cette guérison doit comporter un **rétablissement de relations inter humaines conformes à la Loi d'amour.** Donc, un rétablissement de **la dignité de chacun**, reconnue par tous.
3) Il faut que nos relations inter humaines soient « purifiées » de **toutes les causes de méfiance**, crainte, peur, d'une part et de tous les **préjugés illégitimes** occasionnant mépris, exclusion, d'autre part.
4) En implorant sa « purification », et pas seulement le « blanchiment» de sa lèpre, cet homme montre qu'il désire sa guérison globale avec **rétablissement de sa totale dignité d'homme au milieu des hommes.**
5) De plus, en affirmant que Jésus peut accéder à son désir (car il a compris qu'il rejoint le désir de Jésus lui-même), **il témoigne que Jésus est bien celui qui vient guérir l'humanité et la sauver...et qu'il est donc le Messie.**
6) De tout cela découle **l'acquiescement immédiat de Jésus** à la demande formulée par ce lépreux ! Dés que nous prenons conscience de notre « lèpre relationnelle », **Jésus se précipite pour nous guérir, on vient de le voir!** Par contre, il ne peut agir en faveur de celui qui n'a pas conscience de sa « lèpre » et de ses conséquences !

7) Et pourtant, **nous nous étonnons parfois** de n'avoir aucune réponse de Dieu à nos demandes de soulagement des difficultés de toutes sortes qui nous accablent ! Qu'est donc devenue la promptitude de Jésus à soulager immédiatement le lépreux ?
8) **Serait-ce parce que nous faisons partie du lot de ceux qui ne se savent pas « malades »** ? : Dieu ne m'entend pas, il ne me « touche » pas et rien de ce qu'il me propose en réponse à mes appels, ne me convient vraiment ! S'il en est ainsi, il est temps de me ressaisir, il est grand temps **que j'arrête de me plaindre des conséquences** de « ma lèpre » et que je m'attaque, avec l'aide de Dieu, qui alors m'écoutera et agira de suite**, aux causes mêmes de ce mal**, de ma propre « lèpre » qui me ferme la vraie relation d'amour avec le prochain, avec Dieu, avec moi-même.
9) Quelles sont ces causes d'altération de ma relation, de mon identité ?
    - **L'indifférence au prochain** : le **silence**, la mutité volontaire, **comme pour bien marquer que l'autre compte peu pour moi**. Ou encore la **négligence dans ma présentation**, que je ne soigne plus du tout ! Négligence qui peut même aller jusqu'à l'absence de propreté élémentaire, provoquant du dégoût autour de moi.
    - **Les jugements sans appel et sans clémence portés sans cesse sur les autres,** qui ne trouvent aucune indulgence de ma part, mais au contraire une critique constante allant jusqu'à l'intolérance.
    - **L'égoïsme,** qui consiste à se moquer du bonheur des autres en ne faisant que ce qui satisfait mes désirs à moi. Cela entraîne une **« paresse affective »**, c'est-à-dire un **renoncement à tout effort en vue du bonheur de l'autre, donc au rejet pur et simple de l'amour !**
    - Enfin, **la banalisation du mensonge** : on finit par « mentir comme on respire » et on ne s'en aperçoit même plus : complicité avec l'erreur, éloignement de la vérité…..donc ouverture de la porte au « père du mensonge » qui s'infiltre alors dans nos moindres relations.

Voilà bien les signes de « lèpre relationnelle » à présenter aujourd'hui à Jésus humblement en le suppliant : **« Seigneur, si tu veux, maintenant même, tu peux me purifier ! »**. La réponse, nous la connaissons ! Alors, pourquoi attendre ?

CHAPITRE TROIS

PREMIER DIMANCHE DE CAREME B
(22 Février2015)

Marc 1, 12-15 avec 1P3, 18-22 et Gn 9, 8-15

Entrer dans le carême en imitant l'obéissance du Christ !

Fil conducteur :

Entrer dans le carême, c'est accepter de remettre en question notre choix jusqu'ici, plus ou moins conscient d'ailleurs, du meilleur moyen d'obtenir le Bonheur ! Nous avons à redécouvrir l'importance, pour arriver à ce but, de l'obéissance du Christ envers le Père et de notre propre notre obéissance envers le Christ !

Principaux points :

1) Entrer dans le carême, c'est décider de voir autrement comment obtenir ce Bonheur après lequel nous courons…souvent en vain ! Notre habitude, c'est de rechercher le Bonheur à notre façon, **selon notre plan à nous**.

> Le Plan de Dieu, lui, au contraire, nous propose
> **d'obtenir le Bonheur par l'Amour…
> et pas autrement** !

Mieux encore, Dieu s'engage à réaliser sa part dans notre remise en route vers le Bonheur. Il le fait par la rédemption, en **la personne du Christ dont l'obéissance parfaite à son Père nous assure ce salut**.

Mais en même temps, Dieu nous offre de participer, nous aussi, au salut, par notre adhésion à la Bonne Nouvelle du Christ, **en obéissant** à celui-ci !

2) Marc nous résume en quelques versets, cette magnifique histoire du salut. Il ne s'attarde pas dans les détails. Il nous montre comment, Jésus a d'abord porté sur lui tous les péchés du monde dans les eaux du Jourdain lors du baptême de Jean. Puis, au désert, il renonce vigoureusement à **l'offre tentatrice de Satan de se contenter d'être soit Dieu, soit homme,** ce qui aurait empêché le salut. En déclarant et revendiquant **sa pleine divinité et sa pleine humanité,** Jésus annonce

qu'il ira jusqu'au bout de sa mission de rédemption et accomplira l'inimaginable : l'indispensable part de Dieu dans ce salut de l'humanité.

3) La réalisation de notre Bonheur complet et définitif nécessite, on le voit :
- **l'obéissance du Christ** à son Père : non pas une obéissance par peur, par intérêt ou dans l'aliénation, mais une **obéissance d'amour, parfaite.**
- **et aussi, notre obéissance au Christ,** calquée sur la sienne, qui nous demande de nous convertir à cette obéissance d'amour pour participer activement au salut qui nous est offert à chacun et à tous.

Passer de notre état de désobéissance chronique à une obéissance d'amour, nous aussi, c'est la conversion qui nous est demandée maintenant dans ce carême !

4) **Pour commencer, il nous faut démasquer notre désobéissance**. D'une façon générale, au lieu d'obéir, nous voulons mener notre vie à notre façon :
- pour les femmes, en affirmant notre indépendance féminine vis-à-vis du mari, en profitant de ce que les « bonnes raisons », certes, ne manquent pas !
- pour les hommes, en n'aimant pas notre femme « comme le Christ a aimé son Eglise et s'est donné pour elle », tout en continuant hypocritement de l'appeler « ma chérie » !
- pour les enfants, en ramenant tout à notre profit, dans le « moi tout seul » et le « tout, tout de suite et pour moi » !

Et ce ne sont là que des exemples !

Bref, notre désobéissance est flagrante, enracinée dans une méfiance chronique et camouflée le plus souvent derrière **une obéissance de façade venant de la peur plus que de l'amour !**

Cette peur, dans notre comportement profond, nous pousse à des excès contradictoires :
- être seulement « humains », en refusant d'être enfants de Dieu,
- être « des anges », ce qui serait « faire la bête » !

Notre obéissance, celle que nous allons retrouver dans ce carême, nous la vivrons dans notre état de vie, là où nous sommes et surtout **dans la confiance amoureuse en notre Dieu !**

DEUXIEME DIMANCHE DE CAREME B

(1 Mars 2015)

Marc 9, 2-10 avec Gn 22, 1-18 et Rm 8, 31-34

Transfiguration !…de qui et pour quoi ?

Fil conducteur :

La « transfiguration » de Jésus est évidente pour les apôtres qui la voient de leurs yeux. La « transfiguration des apôtres », tout comme la nôtre, elle, est de l'ordre de la Foi, toute intérieure. Elle est passage d'une confiance « de raison » envers Jésus, à une confiance « d'amour ». Cela change tout…mais pas en un jour ! Néanmoins, c'est par là que chacun de nous est introduit à la réalité du « monde d'en haut » !

Principaux points :

1) Jésus est au centre de la Transfiguration et sa transfiguration est **à la jonction de deux mondes**, bien réels tous les deux, mais tellement différents. D'une part **le monde d'ici bas**, auquel appartenaient pleinement les apôtres. D'autre part, **le Royaume de Dieu.**
A noter que ce dernier n'a rien à voir avec le monde effrayant sorti de l'imagination des hommes et de la science fiction terrifiante !
2) C'est Jésus qui fait la jonction entre ces deux mondes par la transformation de sa personne aux yeux des apôtres. Son appartenance au Royaume et sa gloire, devenues évidentes, coexistent avec son appartenance au monde des humains !
3) Mais la transfiguration de Jésus, son changement transitoire d'aspect extérieur, doublé de la gloire évidente qui en découle, va s'accompagner d'une « transfiguration » des apôtres, celle là toute intérieure, introduite par la Voix solennelle du Père « celui-ci est mon Fils bien-aimé, **écoutez-le**». A partir de là, comment, pour ces trois hommes, ne pas faire **entièrement confiance à Jésus**. Marc le précise bien, d'ailleurs, dans le dernier verset : ils ont obéi à l'injonction de Jésus de garder le silence, sans comprendre, dans une complète **« confiance d'amour ».** Celle-ci a « transfiguré » leur précédente **« confiance de raison »** dont Pierre avait, peu avant, montré le caractère illusoire (cf 9, 32-33).
4) Voilà bien le « pourquoi » de cette transfiguration !

Elle doit marquer, **pour chacun de nous,** l'entrée dans une **confiance en Dieu totale**, une vraie confiance d'amour, comme celle dont a témoigné Abraham, au-delà de toute raison, (Gn 22, 1-18), comme celle de Paul après la rencontre de Jésus sur le chemin de Damas, exprimée par lui dans ce beau cri de confiance de Rm 8, 31-34.

5) Ebranlés par nos épreuves qui, parfois, rejoignent l'intensité et le caractère incompréhensible de celle d'Abraham, **nous crions alors vers Dieu en réclamant une preuve de son amour** qui puisse nous ramener à une meilleure confiance en lui. Pouvons nous comprendre, de notre côté, que Dieu nous lance la même question, à travers même nos épreuves « est-ce que moi, Dieu, je peux faire confiance à vous, les hommes » ?

La réponse, elle se trouve dans **la transfiguration, que nous devons donc faire nôtre et intégrer vraiment dans notre vie** !

TROISIEME DIMANCHE DE CAREME B
(8 Mars 2015)

Jn 2, 13-25 avec 1 Cor 22-25

Sainte colère ou laisser-faire ? Croyance ou Foi ?

Fil conducteur :

La réaction de « sainte colère » de Jésus, face aux marchands du Temple nous montre la voie juste, à observer. Mais surtout, elle va exiger de chacun de nous une prise de position ferme et constante contre les dénis de justice notoires suscités par le Mal. De ce fait, nous allons vivre, forcément cette « béatitude » qui nous fait si peur « bienheureux ceux qui souffrent persécution pour la justice, le Royaume des cieux est à eux » !

Principaux points :

1) Qu'est-ce qui va différencier la « sainte colère » (comme celle de Jésus devant la souillure du Temple par un intérêt mercantile), de la colère dangereuse ? C'est la bonne question, alors que certains condamnent systématiquement toute « colère ».
2) En réalité, il y a, d'abord, une question de **définition** ! La vraie colère, c'est le **cri de scandale devant une injustice** flagrante. Ainsi, la colère de Jésus

devant la transformation de la Maison de prière, vouée au culte de Dieu son Père, en « maison de trafic » : c'est une situation injuste, blasphématoire, qui provoque une sainte colère !

Ensuite, il y a une question d'attitude : Devant l'injustice flagrante, on peut aussi faire le dos rond !
Soit parce que l'on n'a aucun moyen de réaction possible, soit parce que l'on préfère « ne pas s'en mêler » afin de n'avoir point d'ennui ! Tant pis pour la justice !
Mais nous avons, bel et bien, une responsabilité à assumer envers la «justice», à chaque fois que c'est possible !

3) Enfin, nous avons à trouver l'issue juste à cette situation d'injustice. Il y a deux « portes de sortie » (cf Mt 5, 20) :
   - La « justice des hommes », c'est-à-dire la loi du talion (œil pour œil, dent pour dent), rancune et haine et agressivité.
   - La « justice de Dieu », c'est-à-dire le pardon.

A noter que l'emploi de la force, quand elle est juste, n'exclut pas le pardon : Jésus a rétabli au Temple une situation juste par une action forte, mais non agressive en ce sens qu'elle ne lésait pas les intérêts légitimes de ces « marchand » …qui ont sûrement trouvé une place normale ailleurs !

4) Les réactions au « déblayage musclé » de Jésus vont départager les spectateurs :
   - ceux qui voient d'un mauvais œil leurs privilèges et leur emprise en danger, du fait de Jésus et qui vont le contrer,
   - ceux qui approuvent et commencent à « croire en son nom », mais dont une partie est dans la simple croyance aux « pouvoirs » de Jésus. Cette partie là peut « basculer » à chaque instant dans le « laisser faire peureux » ou même l'hostilité des cris de « crucifie le » ! Ils n'ont pas cette **confiance amoureuse en Jésus qui caractérise la Foi !**
   - Et nous, là dedans ? Croyance ou Foi ?

QUATRIEME DIMANCHE DE CAREME B
(15 Mars 2015)

Jn 3, 14-21 avec Eph 2, 4-10

Aller jusqu'au bout ! Ne pas faire les choses à moitié !

Fil conducteur :

Dans ce carême, comme dans toute notre vie, la persévérance est essentielle pour parvenir au but : le Bonheur …par l'Amour!
Notre tendance est de nous arrêter face aux difficultés.
Certes, **le moteur** de notre progression reste l'exemple, donné par Jésus, de l'efficacité de l'Amour pour vaincre les difficultés. Mais il faut aussi fournir au moteur le carburant que sont ces recettes infaillibles de l'humble demande d'aide et du pardon !

Principaux points :

1) Ce Nicodème, nous lui ressemblons étrangement : on voudrait voir clair dans notre vie **pour gagner le bonheur**, mais on est plein d'hésitations, on est partagés, on a peur (c'est pour cela que Nicodème est venu de nuit !). Alors on s'approche de Dieu, mais avec précautions : **on fait les choses à moitié** !
2) Aller jusqu'au bout ! Nous venons de passer la moitié du carême : c'est le moment de faire le point ! La question, c'est : « vais-je faire les choses à moitié, comme d'habitude, car je me connais**….ou bien vais-je faire les choses comme Dieu, jusqu'au bout ?** ». Car Dieu, Lui, va jusqu'au bout de ce que nous pouvons imaginer : donner son Fils pour le Bonheur de l'humanité toute entière ! C'est le « bout de l'Amour qui n'a pas de bout, de l'Amour infini, inimaginable » ! Jésus le fait comprendre à Nicodème, et à nous, en rappelant l'histoire du **serpent de bronze élevé de terre**, pour donner la vie à cette bande d'hébreux ingrats qui ne savent que rouspéter (comme nous), récriminer sans cesse contre leur Bienfaiteur.
3) Jésus n'a pas fait les choses à moitié ! Il nous a donné tout, en nous laissant totalement libres !

Car **le choix est « dans notre main »** :
- soit, nous arrêter à la première difficulté, dans cette conquête du Bonheur, par découragement, doute et méfiance….

- soit **persévérer dans la confiance en Dieu, comme Jésus l'a fait dans la confiance totale à son Père, c'est-à-dire à** l'Amour.
4) Concrètement, comment cela se traduit-il pour moi ? C'est quoi persévérer ? **Si je vis en couple, c'est ne pas baisser les bras à la première difficulté,** la première incompréhension, voir la première désillusion sur l'autre (et peut-être sur moi !). **Notre première réaction** dans ce cas est le plus souvent de chercher à tout prix que « l'autre change »…et le plus vite possible, au besoin en le bousculant (« pour son bien », évidemment !). **Or, le seul moyen efficace pour que ça change, c'est que je commence par changer moi-même sur certains points…que je ne vois même pas** et qu'il me faudra découvrir en acceptant de me faire aider ! Mais, en dehors de la vie de couple, c'est bien la même chose dans nos **relations avec les autres en général : persévérer dans la confiance, c'est accepter soi-même de changer ce qu'il faut changer.** C'est la même chose **avec nos enfants et pour eux vis-à-vis de nous.** Est-ce que j'accepte de me détacher de l'idéal de vie, de la vision de bonheur que je voulais leur imposer….peut-être avec juste raison, mais peut-être aussi au détriment de la **liberté essentielle à leur dignité d'enfant de Dieu** (Eph 6, 4) ?
5) Persévérer, c'est aussi **aller jusqu'au bout du pardon** : non seulement demander pardon et pardonner, mais **« réparer »**, c'est-à-dire chercher pourquoi notre relation, à l'autre et à moi, a dégénéré en agressivité réciproque et réparer cela. Ceci afin que les incompréhensions ne recommencent plus et que cela débouche, au contraire, sur **une véritable réconciliation (avec l'autre et parfois….avec Dieu !).**
6) Tout cela n'est pas facile ! C'est même compliqué et parfois décourageant, si bien que nous avons tendance à entreprendre de construire…..mais « à moitié », sans achever, sans suivre Jésus dans la persévérance.

Alors, l'autre moitié, **l'éternelle moitié inachevée de ma vie**, elle est là, **dans cette continuation du carême qui m'est offerte pour aller jusqu'au bout, comme Dieu !**

CINQUIEME DIMANCHE DE CAREME B
(22Mars 2015)

Jn12, 20-33 avec He 5, 7-9

Le moment du choix! Acceptation et glorification.

Fil conducteur :

Quel écho suscite en nous le bouleversement de Jésus à cette croisée des chemins où se lie son destin de la passion, mort et …résurrection, désormais tout proches. Sommes-nous prêts à participer à cette formidable prise en charge de l'humanité par Jésus.
Percevons-nous l'appel pressant de Jésus à chacun de nous pour cela ?

Principaux points :

1) « **L'heure est venue ….**» ! C'est le moment du choix, pour Jésus….et aussi pour nous !
   Pour Jésus : c'est pour cela qu'il est monté à Jérusalem ! Jésus sait ce qui l'attend de la part des hommes et, en lui, son humanité est **bouleversée par la passion et la mort qu'il faudra traverser**, librement mais avec quelle angoisse ! Paul vient de nous le dire : « le Christ a présenté avec un grand cri et dans les larmes **sa supplication à Dieu son Père qui pouvait le sauver de la mort…** » (He 5). **Choisira-t-il d'obéir ou renoncera-t-il à sauver l'humanité ?** Notre sort à tous, notre destinée est en balance à cet instant crucial.

2) C'est alors qu'intervient un élément qui sera décisif et que Jean nous rapporte : **des grecs demandent à voir Jésus !** Ces grecs embarrassent Philippe, car, s'ils sont des « croyants », venus adorer à Jérusalem, ce ne sont pas des descendants d'Abraham ! Jésus est-t-il venu pour eux aussi ? peut on le déranger pour « ces gens là ? ». Mieux vaut se faire accompagner d'André pour accomplir, auprès de Jésus, cette démarche délicate (On aime bien partager avec d'autres des reproches possibles !)

3) Jésus voit **ce groupe de païens convertis, il réalise l'immensité des détresses de l'humanité passée, présente et à venir**, cette humanité qui s'est coupée de Dieu et va à la dérive, tournant le dos à l'amour, s'éloignant du Bonheur pour lequel elle avait été créée **! C'est lui seul qui peut la sauver !**

Et l'énormité d'une telle responsabilité le bouleverse de fond en comble. Il voit l'horreur des guerres, des camps de la mort, les tsunamis de haine qui submergent les autres hommes, femmes, enfants innocents, voués à la souffrance et à la mort par la cruauté de bourreaux dont on peut se demander s'ils sont encore humains. Il nous voit là, tels que nous sommes.

4) Le pardon de tout cela, pour que coupables et innocents soient sauvés, c'est lui, Jésus, qui va le prendre en charge par son sacrifice, **en réponse au désir du Père que « tous soient sauvés ».**

5) Plus encore, **Jésus voit et entend ces cris de colère lancés par les hommes contre Dieu, leur Père, tenu** pour responsable du Mal dans le monde parce qu'il a dû prendre le risque de créer l'homme « libre »! Libre de quoi ? Libre de rejeter la haine et de choisir l'amour qui seul conduit au vrai BONHEUR. **Voir ainsi l'Amour du Père contesté par les hommes achève de bouleverser Jésus !** C'en est trop ! Il demande au Père de glorifier l'AMOUR, de rendre justice à l'AMOUR en sa personne. C'est ce que fait de suite le Père. Jésus précise alors que **cette voix et ce message, c'est pour nous, afin que jamais nous ne tombions dans l'accusation de Dieu et l'inimaginable confusion de Dieu avec le Mal.**

6) Et nous, dans tout cela ? Sommes nous bouleversés et, dans quelques instants lors de l'eucharistie, quand Jésus va s'offrir à son Père pour notre salut, allons-nous nous offrir au Père nous aussi, avec lui, pour le rétablissement de l'amour dans ce monde et le bonheur définitif de tous dans l'autre ? **C'est ce que Jésus attend maintenant de nous !**

DIMANCHE DES RAMEAUX B
(29 Avril 2015)

Evangile de la procession d'entrée : Mc 11, 1-11

Messe : Mc 14, 1-15 avec Ph 2, 6-11

Alternance d'ombres et de lumières de la Passion du Christ…et de notre vie, elle aussi !

Fil conducteur :
Cette alternance d'ombres et de lumières de la passion et de la résurrection du Christ, culmine dans ce « triomphe » des rameaux et dans cette institution de l'eucharistie, relatés dans les textes de ce dimanche.

La convergence de ce faisceau d'événements vers le sacrifice salvateur du Christ n'a pu se faire et continuer encore aujourd'hui son rôle, que grâce à cette « mémoire » vivante, ce « mémorial », qu'est l'eucharistie !

Principaux points :

1) Nous célébrons, avec les « rameaux » **un jour de lumière**, en nous associant à la foule enthousiaste qui acclame Jésus. Va-t-il être enfin reconnu comme Messie Sauveur ? Hélas, nous connaissons la suite et comment, de cette foule, le vendredi suivant, sortirons les cris « à mort, crucifie-le ! » ou le silence complice de la peur ! N'allons pas leur « jeter la pierre » ! Comprenons bien que cette **alternance équivoque**, c'est bien celle de notre propre vie, avec ses mouvements vers Dieu, l'Amour et ses reculs, ses volte-face et revirements déplorables. La cause en est la **« faiblesse » de notre mémoire**. Avec quelle facilité nous « oublions » les bienfaits de Dieu, ses grâces, son amour manifesté jusque dans cette « passion » de Jésus. Mais nous oublions aussi facilement notre vocation baptismale, conjugale, ou consacrée… !

2) C'est pour cela que Jésus a institué cet autre moment de lumière au cours de sa passion, **ce <u>mémorial</u> qu'est l'eucharistie** ! « Faites ceci **en mémoire de moi** » ! Faites quoi ? Revivez le moment chaleureux d'un repas entre amis ? **Non, l'eucharistie, c'est bien plus que cela :** c'est, avant l'accomplissement du sacrifice salvateur de l'humanité sur la croix (« tout est accompli ! »), **l'offrande** de sa passion, de sa mort, de sa résurrection que fait Jésus, en bloc (la lumière et la ténèbre!). **A cette offrande d'amour de lui-même, Jésus nous a demandé de nous associer chacun et tous**, lors de cet abaissement libre et volontaire du lavement des pieds : « ce que j'ai fait pour vous, faites le vous aussi »! C'est cette **participation libre à l'offrande de Jésus** (dont Paul nous a aussi montré l'importance dans la 2ème lecture) qui nous est demandée, avec insistance, lors de chaque eucharistie. **C'est seulement cette union au Christ dans l'offrande qui nous permet ensuite l'union à son propre corps dans la communion… ne l'oublions pas !**

3) Faute de faire mémoire des bienfaits de Dieu lors de nos moments heureux de « lumière », nous risquons d'oublier les « rameaux » de notre vie conjugale et familiale. **Nous vivons alors celle-ci comme une « passion » douloureuse,** voir une « agonie » et non comme une « résurrection ». Ceci parce que faute d'avoir fait mémoire, **les alternances d'ombre et de**

lumière de notre vie ne s'emboîtent plus harmonieusement comme le firent celles de la passion du Christ, mais sombrent dans l'incohérence et le désespoir ! Si, au contraire, nous participons vraiment, dans l'amour, à cette offrande du christ <u>et en faisons mémoire</u> au cours de l'eucharistie, **notre vie sera unifiée dans l'amour et nous aurons part, dés maintenant à la résurrection !**

CHAPITRE QUATRE

DIMANCHE DE PAQUES
(5 AVRIL 2015)

VEILLEE PASCALE (Mc 16, 1-7 avec Rm 6, 3-11)

MESSE DU JOUR (Mc 16, 1-7 ou Jn 20, 1-9)

Résurrection du Christ ou : **l'impensable, réalisé !**

Fil conducteur :

Par la résurrection du Christ, Dieu se confirme comme étant Celui qui dépasse totalement ce que les hommesimaginent à son sujet. Aucun des disciples de Jésus n'avait prévu ce que serait cette résurrection. Chacun a réagi à sa façon, selon la disposition de son cœur, préparé par tout ce qu'il a vécu jusque là!
Il en est de même aujourd'hui pour nous tous qui tirerons de la résurrection du Christ des conséquences personnelles fondamentales, variant en fonction de la façon dont nous l'avons préparée par notre vie.

Principaux points :

1) Cet événement de **la résurrection du Christ** apparaît surprenant, impensable, va prendre tous les acteurs au dépourvu, d'où **cette agitation**, cet affolement : ça court partout, vers le tombeau, (attention, Pierre, à l'infarctus, vu ton âge !), retour du tombeau…et même au retour d'Emmaüs. Et, en plus, tous sont affrontés à un **Jésus qui n'est plus comme avant,** bien vivant mais insaisissable
2) Chacun va réagir selon son tempérament, son histoire, **sa disposition intérieure** et voir ce que d'autres ne remarquent pas…et réciproquement. La diversité des « comptes rendus », loin de faire planer le doute, montre bien qu'il ne s'agit pas « d'une histoire préfabriquée » !
Quelle différence de ressenti et d'attitude entre Pierre, encore bloqué dans la souffrance de son reniement et qui ne comprend rien à ce qu'il voit au tombeau et Jean que remplit la certitude immédiate de la résurrection.

3) **Deux écueils** à éviter alors, pour les disciples, mais **également pour nous aujourd'hui :**
    a. **la peur** : celle de ce qu'on ne comprend pas et qu'on ne maîtrise pas (Mc 16, 8). Celle de passer pour fou (Ac 17, 32) ou folles en affirmant la résurrection… et c'est bien l'étiquette dont la plupart des disciples vont affubler les femmes : « à vrai dire, quelques femmes ont bien raconté que… » (Lc 24,11) ! **D'où l'incitation à ne pas avoir peur** (Mc 16, 6) que le Seigneur nous adresse toujours, mais qui reste sans effet tant que nous n'avons pas placé en lui notre confiance et renoncé aux « assurances tout risque » fallacieuses du « monde » !
    b. **passer à côté de cet événement essentiel pour nous :** La résurrection du Christ a constitué **pour les disciples une nécessité impérative de changement** profond dans leur vie : rien ne pouvait désormais être comme avant !Certains ont été tentés de se dérober, pour conserver leur vision des choses. Ainsi les disciples d'Emmaüs (« et nous, nous espérions qu'il était celui qui allait délivrer Israël » Lc 24, 21). D'autres ont refusé ce changement sous prétexte d'avoir été mis de côté, éternelles « victimes », comme Thomas, absent lors de la « visite » de Jésus (mais lui, Thomas, où était-t-il passé ?)… jusqu'à ce qu'il « craque » devant la découverte de tout l'amour de Jésus pour lui (Jn20, 28)!
4) Alors, la « résurrection », elle n'est pas un simple événement de l'histoire, mais, aujourd'hui, un vécu actuel, **personnel,** qui nous met devant la nécessité d'un **changement,** car rien ne peut rester encore « comme avant » !

Ne cherchons pas Jésus où il n'est pas, c'est à dire dans toutes nos hésitations, nos peurs, découragements, manques de confiance et notre tiédeur d'amour. Il n'est pas non plus dans ces fausses recettes de nos convoitises, vaines gloires et mensonges du monde. Il est dans cette joie de la résurrection que nul ne pourra nous ravir si **nous la vivons comme une « résurrection » nous aussi !**

DEUXIEME DIMANCHE DU TEMPS PASCAL
DIMANCHE DE LA MISERICORDE

(12 Avril 2015)

Jn 20, 19-31 avec Ac 4, 32-35 et 1Jn 5, 1-6

Fil conducteur :

Du côté de Dieu, pas de problème : sa miséricorde est là, toujours prête...et nous attend patiemment!
C'est de notre côté que nos "comédies" de soi disant victimes (à plaindre) compliquent tout et nous retiennent de nous précipiter vers la miséricorde de Dieu, dans l'immense joie du repentir!

Principaux points :

1) Fêter la « Miséricorde », c'est d'abord **reconnaître avec gratitude** celle, sans limite, dont Dieu témoigne à notre égard en pardonnant notre refus d'amour qu'est le péché. C'est ensuite **entrer, à notre tour, dans ce mouvement d'amour de la miséricorde**. L'histoire de Thomas en est l'illustration magnifique.

2) **Quel contraste** entre la joie débordante des disciples après la visite de Jésus, au soir de la résurrection et la réaction de Thomas quand il les retrouve ! Leur joie, il ne peut la partager. **Non par ce qu'il doute** de ce qu'ils lui racontent et qu'il sait être vrai (il n'est pas bête et connaît suffisamment ses copains pour savoir ce qu'il en est de leurs affirmations). Oui, il croit que Jésus ressuscité est venu, mais il est terriblement déçu dans son attente vis-à-vis de Jésus : « m'aime-t-il vraiment ? ». **Comment est-t-il possible que Jésus soit venu quand lui, Thomas, n'était pas là ?** Lui, le pauvre Thomas, avait tellement souffert, dans ces terribles moments de la Passion, de ce que Jésus avait subi : ce n'est pas juste ! Et voila le doute : puis-je croire...que Dieu m'aime vraiment ? S'il m'aimait, il ne m'aurait pas « fait ça » ! **Je refuse de croire à son amour !** Affirmation que nous entendons autour de nous...et peut-être même en nous, à l'occasion, tout en déclarant qu'on aimerait avoir « la chance de croire ». **Thomas croit, en la résurrection de Jésus, mais il n'a pas la Foi,** c'est-à-dire la confiance qu'il est aimé de Dieu et peut donc s'abandonner à cet Amour.

3) Dans cette situation de désespoir, Thomas s'enfonce encore plus en se complaisant dans le **rôle de victime** boudeuse et **revendicative (mais qu'est-ce que j'ai fait au Bon Dieu ?)**. C'est le « laissez-moi tranquille » que nous savons si bien jeter au visage des consolateurs qui veulent nous réconforter. Pire : puisque Jésus ne tient pas compte de moi, je vais le provoquer en le défiant de me montrer ses plaies (Ah ah, très drôle n'est-ce pas, la balle est dans ton camp Jésus !).

4) Ne jetons pas la pierre à Thomas ! Reconnaissons plutôt combien nous lui ressemblons **quand nous sommes blessés et révoltés devant l'indifférence (réelle ou supposée) de ceux dont nous attendons en vain l'amour.** Combien de fois nous refusons de voir qu'en réalité on nous aime (que ce soit Dieu…ou les autres), préférant nous complaire dans le rôle de pauvre victime (et néanmoins agressive). Pour excuser nos « tiédeurs », nous réclamons parfois à Dieu la grâce de croire …alors que ce qui nous bloque, c'est, comme pour Thomas, ce rôle de « pauvre victime » que nous savons si bien jouer !

5) Comme ces huit jours passés ensuite dans cette révolte ont dû être horribles pour Thomas….**comme pour nous quand nous refusons obstinément d'ouvrir notre cœur à la miséricorde de Dieu….et des autres, quand nous refusons de faire ce premier pas qui sauve !**

Le premier pas, c'est la miséricorde de Jésus qui va le faire pour Thomas, **en revenant exprès pour lui** pour **qu'il retrouve sa confiance** et **parvienne ainsi à la foi.** Comme Thomas, **laissons nous envahir par la miséricorde de Dieu**, entrons dans la « douloureuse joie du repentir »…**laissons nous consoler pour consoler à notre tour**, dans la confiance de l'amour !

TROISIEME DIMANCHE TEMPS PASCAL B
(19 Avril 2015)

Lc 24, 35-48 avec Ac3, 13-19 et 1 Jn 2, 1-5a

Apparition aux onze et aux disciples et envoi.

Fil conducteur :

Aujourd'hui encore, la résurrection du Christ représente pour chacun de nous un choc (salutaire). Comme pour les disciples et malgré notre familiarité avec cet évènement déroutant, c'est une invitation à voir autrement notre destinée, notre relation à Dieu, et notre vie courante, alors qu'il est si tentant de s'installer dans la routine! Mais c'est toute autre chose que la routine, cette mission que le Ressuscité confie à ses disciples!

Principaux points :

1) Nous avons du mal à réaliser **l'énormité du choc** subi par le groupe des apôtres lors de l'apparition de Jésus ressuscité. Sans doute sommes-nous trop familiarisés avec cette donnée essentielle du christianisme qu'est la résurrection de Jésus pour mesurer à quel point elle a pu troubler les apôtres !
Ce n'était pas comme les apparitions « individuelles » concernant Marie Madeleine, Pierre, les disciples d'Emmaüs. C'est l'Eglise à son tout début qui est concernée, **l'ensemble des premiers « croyants »** !

2) Etait-ce donc si inattendu ? Jésus ne l'avait-il pas annoncé ? **Bien sur que si!** A vrai dire, il l'avait fait depuis trois ans. Mais **il y a des choses qu'on ne sait pas, qu'on ne peut pas ou <u>qu'on ne veut pas entendre</u> quand tout va bien mais qu'il nous faudra bien comprendre…dans la difficulté,** dans le malheur. Jésus a du attendre que ces sympathiques « sourds » soient dans le creux de la vague et quelle vague, pour pouvoir **leur « ouvrir l'intelligence »** vis-à-vis des Ecritures, vis-à-vis de lui ! Avouons qu'avec nous c'est un peu pareil et parfois nous préférons nous raidir devant la souffrance trop forte et, parce que l'on n'y comprend plus rien, nous réveiller du cauchemar par la fuite vers « autre chose », **alors que Jésus attend que nous prenions la main qu'il nous tend !**

3) Malgré les témoignages individuels de quelques-uns, les apôtres restaient incrédules car **ils n'avaient pas renoncé à tout leur passé**, à la nostalgie de leur vécu antérieur chargé de toutes **leurs illusions rassurantes** (« avant, c'était quand même mieux ! »). Ils n'avaient pas saisi l'avenir bienheureux, mais, aussi, déroutant, qu'ouvrait la résurrection du Christ pour eux ! **Ne leur « jetons pas la pierre »,** car nous sommes bien souvent pareils ! Nous aussi, nous restons sous l'emprise de notre passé : soit heureux et nous voulons alors, sans cesse, « revenir comme avant », soit malheureux et nous restons alors conditionnés par lui, incapables d'avancer. **Ne rien oublier du passé, mais se libérer par rapport à lui,** entrer dans une vision renouvelée par la résurrection :…**voir avec d'autres yeux, des yeux de « résurrection »**, mon conjoint, ma famille, mes proches, mes collègues, ma situation, mon avenir et, en fait, la Parole de Dieu elle-même, c'est indispensable pour nous ouvrir, par cette « résurrection », le chemin du BONHEUR !

QUATRIEME DIMANCHE TEMPS PASCAL B
(26 Avril 2015)

Jn 10,11-18 avec Ac 4, 8-12 et 1 Jn 3, 1-2

Le Christ est seul Sauveur de l'humanité

Fil conducteur :

En dehors du Christ, il n'est point de salut. Des idéologies trompeuses cherchent toujours à nous séduire en nous offrant la satisfaction de désirs contraires à l'Amour. Celui-ci, seul, peut nous apporter le BONHEUR!

Principaux points :

1) La volonté de Dieu, Père, c'est que tous soient sauvés **et le rôle d'unique Sauveur est dévolu au Christ, bon berger donnant sa vie pour ses « brebis ».** Mais le sacrifice, par amour, de sa vie, ne met pas un point final à l'histoire du salut. En « reprenant » sa vie par sa résurrection, Jésus conduit à sa suite tout le troupeau des « brebis », que nous sommes, vers le « pâturage » de Bonheur du Royaume. Pleinement Dieu car Verbe éternel, Christ se devait d'être, en tant qu'homme, **le premier ressuscité** ! C'est ce dont témoignent Pierre et Jean, remplis d'Esprit Saint, devant les chefs du peuple et anciens.

2) **Pas question d'aller chercher en dehors de Jésus un sauveur pour l'humanité** (Ac 4, 12), contrairement à ce qu'on nous bourre dans le crâne à grand renfort de médias. On nous dit que le salut est ici, là…N'y allez pas, nous a mis en garde Jésus ! Constatons plutôt **l'échec lamentable de toutes les « idéologies »** par lesquelles des légions d'imposteurs, encore à l'œuvre aujourd'hui, ont prétendu faire le bonheur de l'humanité !

3) **Seul l'Amour peut nous apporter le Bonheur.** Or, nous sommes « enfants de l'Amour, enfants de Dieu » (1 Jn 3, 2) et donc dans l'assurance du Bonheur, dés maintenant, quoique incomplètement, mais certainement plus tard, **en plénitude,** dans le Royaume que nous a ouvert Jésus par sa résurrection.

Mais il y a à cela une condition : **aimer Dieu…et le prochain comme soi-même,** non seulement en paroles mais en actes, comme nous l'a expliqué Jésus (Mt 25, 31-

46) : « chaque fois que vous l'avez fait à l'un de ces plus petits qui sont mes frères, c'est à moi que vous l'avez fait… ».
Faisons donc maintenant, en Christ, ce choix effectif de l'Amour !

CINQUIEME DIMANCHE TEMPS PASCAL B
(3 Mai 2015)

Jn 15, 1-18, avec Ac 9, 26-31 et 1 Jn 3, 18-24

Comment porter du fruit dans notre vie et quel fruit ? Ou : ma vie va-t-elle dans le bon sens ?

Fil conducteur :

Autant le vigneron est qualifié pour soigner efficacement sa vigne (qu'il aime!)… autant Dieu connaît ce qui est le meilleur pour nous, même s'il lui faut nous "tailler" si besoin. Mais, bien sur, ce n'est pas seulement une question de logique…mais avant tout de **confiance** qui s'enracine dans notre intimité avec Jésus!

Principaux points :

1) Ma vie va-t-elle dans le bon sens ? Qui d'entre nous ne s'est trompé de chemin en voiture et cela même depuis l'usage du GPS ?
Quand tel est le cas, il nous faut **changer de sens**. Mais encore faut-il s'apercevoir à temps qu'on s'est trompé, sinon, c'est le blocage. Il en va **de même pour le sens donné, par nous, à notre vie**.

2) Quelqu'un a fixé avant nous certaines grandes lignes de notre vie. Quand Jésus nous dit que **son Père est le vigneron**, cela veut dire que c'est Lui et pas nous, simples sarments de la vigne, qui a décidé de **l'endroit approprié pour planter cette vigne où nous sommes fixés.** Le vigneron connaît son affaire et ne plante une espèce de vigne donnée que dans l'endroit convenable, le meilleur pour cette vigne là. Alors pourquoi réclamons nous trop souvent **d'autres conditions de vie**, concernant lieu, conjoint, enfants, métier, environnement etc… que nous trouvons inadaptés à notre personne :« Ah, si seulement j'étais dans d'autres conditions, avec un conjoint sans tous ces défauts, des enfants sans problème, une meilleure santé etc… : le Bon Dieu ne se rend pas compte ! ».

3) N'est-ce pas le vigneron et non le sarment qui connaît quand, comment tailler sa vigne, empêcher de trop monter, courber le sarment en forçant un peu mais pas trop ? Alors, pourquoi récriminer contre le Père qui nous impose toutes ces épreuves que nous trouvons lourdes autant qu' inutiles? Seuls donneront du fruit les sarments soignés par le vigneron. Seuls entreront dans l'amour et y progresseront, ceux **qui auront fait confiance au Père/vigneron concernant les soins pour sa vigne et qui, bien sûr, serons restés fixés sur le cep qu'est Jésus lui-même.** Un sarment détaché du cep sèche et meurt !

4) Dès lors, soyons vigilants! Au lieu de chercher systématiquement à mener les choses à notre façon, pour faire aboutir à tout prix notre plan, faisons confiance au Plan de Dieu, dont la finalité est notre bonheur. Et surtout, si nous constatons que le sarment que nous sommes est en train de se détacher de Jésus/cep, par négligence, illusion, découragement, paresse spirituelle, **revenons dans le bon sens donné à notre vie, revenons dans l'Amour !** Nous obtiendrons alors, nous dit Jean dans sa lettre (1Jn 3, 22) tout ce que nous lui demandrons, **parce que nous aurons gardé son commandement d'aimer !**

SIXIEME DIMANCHE DU TEMPS PASCAL B

(10 Mai 2015)

Jn 15, 9-17 avec Ac 10, 25-48 et 1 Jn 4, 7-10

Fil conducteur :

Inimaginable, cette proposition de Dieu de nous choisir comme "amis"... à la seule condition, bien sûr, d'imiter la façon que Jésus a d'aimer. Et cette proposition magnifique, Dieu la fait à tous les hommes!

Principaux points :

1) <u>Promesse de bonheur et mode d'emploi</u> : Jésus nous révèle le **Bonheur parfait** par **l'Amour parfait** vécu dans la Trinité divine. Il ajoute de suite comment faire pour participer nous-mêmes à ce Bonheur : c'est en nous aimant les uns les autres **comme Jésus nous a aimés ! C'est très simple... mais pas facile, car Jésus ajoute qu'il faut, pour cela se « dessaisir de sa vie ».**

2) Or, ce « dessaisissement » de notre vie est un sujet de confusion fréquent : faut-t-il renoncer à vivre, faut-t-il faire de grandes prouesses au péril de la vie que Dieu nous a confiée ? Ce serait aller en sens inverse du Plan de Dieu, mépriser ce don magnifique de la vie qu'il a fait à chacun. Non, **il s'agit de se dessaisir du plan que nous élaborons concernant la façon de mener notre vie,** plan marqué par nos dérives (cf « Réponses chrétiennes à quelques questions » tome 1, chap 7 et 8) et auquel nous nous accrochons désespérément. S'en dessaisir nous permet, au contraire, d'installer notre vie dans le Plan de Dieu…ce qui nous fait peur tant que nous n'avons pas fait le saut (sans élastique) de la **confiance amoureuse en Dieu, celle de la Foi !**

3) Contrairement à ce que nous imaginons, à savoir que nous allons vers Dieu à coup de « mérites » accumulés (en « ramant et rouspetant contre la dureté de cette vie **!), c'est Dieu qui vient vers nous et qui nous choisit, non pas comme esclaves, ni même comme serviteurs, mais comme amis** (ceux qu'on aime !).

L'esclave obéit par peur et cherche à s'échapper dés que possible. Le serviteur obéit, faute de mieux le plus souvent, et se défile volontiers. L'ami, lui, est dans une relation d'amour. **Est-ce la mienne avec Dieu ?**

4) **Si nous acceptons** la proposition de Jésus d'être ses amis, alors, ça change tout ! Dés lors nous pouvons aimer Dieu **comme Jésus aime le Père**, nous aussi dans un véritable amour filial et comme il nous aime tous. De ce fait, nous devenons **capables d'aimer les autres comme Dieu les aime**, à la façon merveilleuse de Jésus ! Nous sommes alors en plein accord avec Dieu, avec sa volonté, et **nos demandes deviennent automatiquement conformes à cette volonté de Dieu…car elles sont devenues des demandes dictées par l'amour véritable** et non par des désirs contraires à cet amour : c'est cela « demander au Père **au nom de Jésus** ». Faire au nom de quelqu'un, c'est comme si cette personne elle-même le faisait ; elle ne risque donc pas de se contredire en refusant ma demande faite « en son nom » !

SEPTIEME DIMANCHE TEMPS PASCAL B
(17 Mai 2015)

Jn 17, 11b-19, avec Ac 1, 15-26 et 1Jn 4, 11-16

L'unité caractéristique et incontournable des disciples, selon le modèle divin !

Fil conducteur :

L'incroyable exigence de l'Unité entre eux, pour les disciples que nous sommes serait inconcevable, si elle ne prenait sa source dans la réalité de l'Amour parfait entre les Trois Personnes divines. Ainsi, ce qui est "impossible à l'homme" s'avère possible à Dieu et nous remplit de cette joie dont Jésus veut nous combler (Jn 17, 13). De plus, c'est en voyant cette Unité entre nous que le monde se convertira! C'est dire que notre responsabilité est en jeu !

Principaux points :

1) Là, Jésus nous stupéfie, quant à cette unité qui doit régner entre nous, ses disciples ! Et il en rajoute encore, comme s'il croyait cela possible, alors que nous vivons douloureusement la réalité du contraire : le tiraillement entre notre aspiration à l'unité et l'intensité, en nous et entre nous, des forces de division.
2) Alors, comment Jésus s'y prend-t-il pour nous introduire dans une dynamique menant à l'Unité ?
Il annonce d'abord la couleur : l'Unité en question, ce n'est pas moins que **celle existant entre le Père et lui, entre les Trois Personnes de la Trinité divine entre elles, basée sur l'Amour**. Rien à voir avec la « solidarité » fabriquée par « le monde » pour servir des « intérêts », pas toujours avouables d'ailleurs, (comme la solidarité dans la Mafia !).
Il y a « l'amour selon le monde », caricaturé trop souvent par le trop classique «chéri(e) je t'aime» !
Et il y a « l'Amour en vérité", reçu de la Source qu'est la Trinité divine et dont la seule présence, chez ceux qui le pratiquent est haïe par « le monde » car faisant ressortir l'hypocrisie du faux amour.
3) Rien d'étonnant à ce que Jésus veuille préserver ses disciples du « Mauvais », en les « consacrant » (c'est-à-dire en les dirigeant vers ce qui est sacré, la Trinité d'Amour) par la Vérité de l'Amour (« Amour et Vérité se

rencontrent... » Ps 85/ 84), contrairement à la force centrifuge du « monde » qui éloigne de la Source en prônant un faux amour.
4) Cependant, c'est dans ce monde là qu'il nous faut travailler, la « vigne du Seigneur » où il nous envoie, avec la force de Dieu qui demeure en nous et nous en lui, **si nous témoignons** que le Père a envoyé son Fils comme sauveur du monde (1Jn 4, 16) et si notre **Unité** est réelle!

DIMANCHE DE PENTECOTE B

(24 Mai 2015)

Veillée : Jn 7, 37-39 avec Rm 8, 22-27

Jour: Jn 15, 26-27. 16, 1-15 Ac 2, 1-11 et Ga 5, 16-25

Pentecôte / Don de l'Esprit ! Qu'est-ce et pour quoi ?

Fil conducteur :

La venue de l'Esprit réalise la transformation du Monde par la propagation de la Bonne Nouvelle, à partir de notre propre transformation personnelle. Cette transformation passe par la réalisation d'une UNITE véritable entre nous, disciples du Christ et nécessite notre adhésion pleine et concrète à la VERITE!

Principaux points :

1) Nous avons du mal à réaliser ce que fut cette irruption de l'Esprit dans la vie de ceux qui ont vécu la première Pentecôte chrétienne. Jésus, certes, avait annoncé la venue de l'Esprit, mais les manifestations antérieures de celui-ci, quoique nettes (comme lors du baptême de Jésus) étaient restées discrètes. A ce jour de pentecôte, c'est tout le contraire !
2) Voila que le « Défenseur » attendu arrive, non pas avec des chars de guerre, des armes et des guerriers, mais sous un aspect incongru et c'est par **l'unité de langage retrouvée, une sorte de « Babel » inversé** qu'il annonce **son « programme »** : **l'Unité des hommes dans l'Amour et par l'Amour**, venant, après **leur délivrance** opérée, elle, par le Christ ! C'est la reconquête du monde, la **contre-offensive de l'Amour**. Ce n'est pas un « tour de passe passe », quelque chose qui nous tombe dessus, mais une œuvre enthousiasmante à réaliser à partir de la Pentecôte, la transformation du monde par la Bonne

Nouvelle répandue jusqu'aux extrémités de la terre! C'est le travail de l'Esprit…avec notre indispensable participation, grâce aux « dons de l'Esprit » dont le premier est bien cet « amour répandu dans nos cœurs (cf Gal 5, 16-25 et Rm 8, 16-17) et qui les transforme.

3) Conscients de notre faiblesse, nous sommes **parfois tentés d'avoir recours à « plus fort que nous »** pour nous protéger de ces forces du « monde », inconnues », qui nous dépassent et nous font peur. C'est ainsi que certains vont jusqu'à **fréquenter les « puissances troubles du spiritisme ou, pire, celles du satanisme »** ! Quelqu'un me disait un jour : « oui, c'est vrai, Dieu est Tout Puissant…mais le Malin, lui, est plus puissant que moi »…donc, il faut bien « faire avec lui». C'est se fourrer dans la gueule du loup ou, comme Gribouille, se plonger dans la rivière pour s'abriter de la pluie.

4) On ne trompe pas l'Esprit ! Il est **l'Esprit de Vérité**. Alors, la bonne question, maintenant, pour nous qui l'appelons à notre secours, c'est de regarder si nous-mêmes sommes en vérité dans notre vie concrète (sinon, nous serions totalement en porte à faux) !

Etre en vérité, c'est d'abord, ne pas se contenter de dire « Seigneur, Seigneur » sans faire la volonté du Père. C'est donc de n'avoir ni rancune, ni agressivité, ni refus de pardon, c'est de ne jamais fermer son cœur en refusant notre secours au frère qui est dans le besoin (aussi bien matériel qu'affectif…). Aller contre la volonté du Père, c'est aussi **mentir**, bien sur en soutenant ce qui est faux, mais aussi en cachant ou déformant le vrai. Pire encore, c'est dire quelque chose de vrai, mais qui blesse volontairement ! **Tout cela, nous le savons déjà !**

Mais ce qui nous échappe souvent, **c'est la fausseté de notre « position de vie »**, quand nous nous posons en « victime » ou en « sauveteur », **en pleine illusion**, alors que les autres, eux, voient clairement notre jeu ! **Etre en vérité**, c'est, au contraire, renoncer à ces illusions, reconnaître que chacun de nous est **merveille de Dieu…mais aussi pécheur…que Dieu veut sauver par sa Miséricorde !** (cf , dans « Réponses chrétiennes… » Tome 1, Chap. 7 : Position de vie).

5) Oui, Seigneur ESPRIT SAINT, aujourd'hui, nous ne voulons pas seulement crier vers Toi « viens, viens.. » (car tu es déjà là !), mais **te supplier de nous défendre** contre toutes ces tentations du monde…et contre nous-mêmes si besoin

DIMANCHE APRES PENTECOTE

(31 Mai 2015)

SAINTE TRINITE

Mt 28, 16-20 avec Rm 8, 14-17 et Dt 4, 32-34 . 39-40

Le mystère de la Trinité divine est promesse même de BONHEUR !

Fil conducteur :

Le mystère de Dieu /Trinité nous fait accéder à la source même de l'Amour, qui est Dieu lui-même. Incompréhensible, par définition, ce mystère nous explique, par contre, parfaitement, l'offre de BONHEUR que Dieu nous fait, par le partage de sa propre Vie Trinitaire d'Amour entre Père, Fils, Esprit!

Principaux points :

1) A Noël, nous fêtons le mystère de **l'incarnation** : Dieu fait homme en la personne de Jésus. Au temps pascal, c'est le mystère de la **rédemption**. A la Trinité, c'est le mystère de Dieu lui-même, celui de l'Amour, de la source de tout amour qu'est cette Trinité divine.

2) Le mystère, certains le récusent de principe et n'admettent que ce que l'intelligence peut comprendre et les sciences expliquer. Savent-t-ils qu'ils ne pourront jamais tout connaître, étant placés, comme nous tous entre deux infinis, l'infiniment grand et l'infiniment petit, que nous ne pouvons maîtriser par définition, et qu'ainsi ils « **passeront à côté** » de l'essentiel : **le Bonheur !**
Le rôle des sciences est capital pour nous montrer **le « comment » des choses**. Mais, pour que nous accédions au **« pour quoi » des choses**, il faut que Dieu vienne à notre rencontre et jette un pont entre lui, qui connaît tout et nous (avec nos limites). Ce pont, c'est le "mystère" !

3) Accueillir le mystère communiqué par Dieu à l'homme dans la Révélation, c'est grandir en Connaissance et accepter le don du BONHEUR que Dieu a préparé pour nous.

4) Le mystère de la Trinité, c'est celui de l'Amour. Trois Personnes en un seul Dieu, cela explique que Dieu n'est pas seulement Puissance transcendante, isolée dans son Ciel, mais que ce Dieu est capacité d'Amour, éternelle, infinie,

entre ces **Trois Personnes** (au contraire, si on est seulement un …sur une île déserte par exemple, il n'y a pas de relation d'amour possible! Dieu crée par Amour et pour l'Amour dont il est la Source.

5) Ainsi nous comprenons comment nous sommes vraiment **images de Dieu (Gn 1, 27)**, avec, chacun, une soif illimitée d'être aimé et d'aimer (c'est bien ce que nous sentons en nous !). Nous réalisons aussi, parce que l'Esprit de Dieu le révèle à notre esprit (Rm 8, 14-17), que **nous sommes vraiment fils de Dieu, issus de l'Amour et destinés au Bonheur par l'Amour.** Cette Bonne Nouvelle sensationnelle, Jésus nous demande de la transmettre à tous nos frères aujourd'hui, **au nom du Père du Fils et du Saint-Esprit !**

CELEBRATION LE DIMANCHE DE LA SOLENNITE DU SAINT SACREMENT DU CORPS ET SANG DU CHRIST

(7 Juin 2015)

M c 14, 12-26, avec He 9,11-15 et Ex 24,3-8

Institution de l'eucharistie

Fil conducteur :

L'eucharistie, qui est mémorial de la partie "offrande" du sacrifice salvateur du Christ, nous permet de participer à cette offrande à son Père, par l'offrande de notre propre personne. C'est cette libre participation à l'offrande du Christ, qui nous permet ensuite de recevoir en nous Celui-ci, afin qu'il y demeure!

Principaux points :

1) Cette institution de l'eucharistie a eu lieu à la suite d'une **alliance** entre Dieu et l'humanité, comme le rappellent les deux lectures. Dans cette **alliance**, chaque « partie » s'engage librement, à tel point que ce n'est plus le sang des animaux qui va sceller cette alliance et réaliser son but (sauver l'humanité, la remettre sur la voie de l'Amour et du Bonheur), mais le sang même du Verbe incarné, vrai Dieu et vrai homme !

2) Lors de la dernière Cène de ce jeudi saint, Jésus va montrer à ses apôtres à quoi Dieu s'engage et comment l'humanité, que représentent alors les apôtres, doit, elle aussi, s'engager.

Il réalise devant eux **la première partie du sacrifice salvateur**, qui, comme dans tout sacrifice, est **l'offrande de ce qui va être sacrifié (cf** versets 22-24), son corps et son sang, bref, la partie matérielle mais en même temps « divine » de sa personne, puisque les deux « natures » de Jésus, humaine et divine, sont indissociables. L'accomplissement du sacrifice ce sera le lendemain à la croix (« tout est accompli ! » Jn 19, 30) "une fois pour toutes"!

3) L'engagement demandé à toute l'humanité, ce jour là par le biais des apôtres, c'est la libre **participation au sacrifice salvateur du Christ : offrande de sa propre vie par chaque participant à** l'eucharistie. Concrètement, chacun le fait en répondant « Amen/d'accord » aux paroles de l'offrande : « par lui, avec lui et en lui, à toi, Père Tout Puissant, dans l'unité du Saint Esprit, tout honneur et toute gloire… ». Cette participation à l'humilité suprême du Christ venait d'être demandée aux apôtres, par le lavement des pieds : « ce que j'ai fait pour vous, faites le vous aussi… » (Jn 13, 12-17). Il nous faut passer par là! Jésus a d'ailleurs bien prévenu Pierre, qui voulait "se défiler" que, sans cela, il ne pourrait **avoir part** à l'offrande que lui, Jésus, allait faire. C'est seulement si nous avons acquiescé à cette **participation** à l'offrande du Christ à son Père, en nous offrant nous-mêmes, que nous pouvons, ensuite, **participer** à son corps et son sang par la communion.

4) C'est afin que tous les hommes de toutes les générations à venir **puissent ainsi participer à l'offrande sacrificielle du Christ,** pour la pérennité de l'ALLIANCE, que Jésus a institué ce **mémorial de l'eucharistie.** C'est pour cela aussi que **sa présence y est réelle,** afin d'assumer à chaque fois son plein rôle dans ce « contrat d'ALLIANCE ». Comme chacun sait, un contrat ne se signe pas par téléphone mais en présence physique des intéressés ! Comme il est grand, ce mystère de la Foi !

5) Enfin, il est bon de rappeler que la réception du corps et du sang du Christ dans les conditions d'accueil ci-dessus, **fait qu'il demeure en nous,** pour notre progression et non pour un simple « bonjour » sur le pas de la porte !

CHAPITRE CINQ

ONZIEME DIMANCHE ORDINAIRE B
(14 Juin 2015)

Marc 4, 26-34 avec 2 Cor 5, 6-10 et Ez 17, 22-24

Part de Dieu, part de l'homme

Fil conducteur :

Pour arriver à la plénitude de Bonheur, qui nous est promise dans le Royaume de Dieu, nous avons à réaliser notre part. Nous devons prendre les moyens nécessaires pour cela, à travers le déroulement de toute notre vie. Nous devons faire confiance à Dieu pour réaliser, de son côté, ce qui dépend de lui et assurera, en temps voulu, notre Bonheur en plénitude. Ayant accompli notre part, nous serons dans la paix car en totale confiance en la puissance et en l'Amour de Dieu!

Principaux points :

1) Dans la venue de ce Royaume de Dieu où notre Bonheur aura sa plénitude, nous pensons souvent que tout incombe à Dieu. Or, nous avons **notre part à accomplir**, en tant que co-créateurs, à côté de la part prépondérante de Dieu.
2) Dieu a mis en nous, pour cela, des capacités formidables :
    - ainsi, tout ce que l'homme réalise à travers les progrès enthousiasmants de la science, quand il sait mettre celle-ci au service du Bien.
    - Mais aussi tout ce que nous pouvons tous réaliser dans l'accomplissement de ces tâches de tous les jours, dont Verlaine disait : « la vie humble aux travaux ennuyeux et faciles est une œuvre de choix **qui veut beaucoup d'amour !** ». Chacun de nous est comme ces petites graines dont parle Jésus, en lesquelles sont, en germe, **des capacités étonnantes** pour la croissance. Oui, Dieu nous a confié, à chacun, une part formidable de réalisation du Royaume en vue du Bonheur définitif par l'Amour!

3) Mais nous avons à tenir notre juste place, notre juste rôle, dans cette réalisation. Ainsi, il nous faut :
   - **Faire ce qui nous est confié par Dieu**. Le cultivateur dont nous parle Jésus doit préparer son champ, les semences, semer et surveiller la croissance pour agir, à nouveau, quand sera venu le temps de la moisson.
   - Par contre, après avoir accompli avec conscience sa part de travail, l'homme doit **faire confiance à Dieu** pour le reste et doit « dormir sur ses deux oreilles ». Il ne doit pas outrepasser son rôle, comme le ferait un cultivateur inconscient qui tirerait sur les tiges pour qu'elles croissent plus vite. Cela nous semble risible, mais c'est bien ce que nous faisons quand, dans notre impatience et notre **manque de confiance en Dieu**, nous prétendons tout régenter, tout contrôler dans l'univers et la conduite de notre vie…et de celle des autres !
4) En fin de compte, dans cette venue du Royaume de Dieu, **nous avons la responsabilité des moyens évidents à assumer, mais pas celle du résultat**. Le résultat, c'est la part de Dieu. Comme l'affirme Paul, **ce résultat final**, même s'il nous parait encore lointain et pas toujours conforme à nos désirs immédiats, nous savons que **c'est le meilleur**, car c'est bien le partage de son propre Bonheur que Dieu, dans son Amour désire pour nous !

DOUZIEME DIMANCHE ORDINAIRE B
(21 Juin 2015)

Marc 4, 35-41 avec 2 Cor 5, 14-17 et Jb 38, 1. 8-11

La tempête apaisée. Confiance ou méfiance ?

Fil conducteur :

La confiance est le test de l'Amour et la méfiance est un aveu d'absence de celui-ci. Une véritable relation d'Amour écarte toute naïveté quant au risque possible de rupture, mais fait confiance à l'autre quant à l'usage des capacités d'aimer pleinement, qu'il porte en lui en tant qu'image de Dieu!

Principaux points:

1) Cet épisode marque une étape importante dans la relation entre Jésus et les apôtres et nous oblige à nous interroger, nous aussi, sur la **nature de notre relation au Christ** : est-t-elle dans la confiance (de l'amour) ou encore dans la méfiance (de l'indifférence) ?
2) Jésus vient de montrer, par la parabole du cultivateur, que l'homme peut et doit faire confiance à Dieu, se fier à lui pour réaliser ce qu'il ne peut faire lui-même. Jésus va mettre ses disciples à l'épreuve! Ces hommes sont « croyants ». Ils croient en Dieu, en sa puissance (comme Job : cf la première lecture). Ils savent que Dieu commande aux puissances de la nature. Ils croient même en la puissance de Jésus puisqu'ils vont lui demander d'intervenir ! **Mais ils n'ont pas encore la foi** en lui, c'est-à-dire la croyance en sa puissance et... **la confiance en son amour pour eux.** Au contraire, leur méfiance s'exprime par leur remarque soupçonneuse et presque méchante : « nous coulons et cela ne te fait donc rien ?» !
3) La voila bien, cette remarque caractéristique de la méfiance, ce coup de pistolet au cœur de l'amour : **le reproche d'indifférence !** Nous savons la force destructrice de cette accusation d'indifférence au niveau du couple, par exemple, quand l'un(e) dit à l'autre "je souffre et on dirait que ça ne te fait rien" ! Dans ce cas, la barque du couple est bien près de couler et il est grand temps de retrouver...l'amour.
4) En soumettant ses disciples à cette minute de vérité sur leur confiance et sur la réalité de leur amour, Jésus nous adresse, à chacun, une même requête...amoureuse, une incitation à **nous abandonner à lui dans la confiance de l'amour**.

Si nous répondons à sa requête, alors, ni la perspective des tempêtes à venir, ni « rien ne pourra nous séparer le l'Amour de Dieu qui est en Jésus-Christ » (Rm 8, 38)

TREIZIEME DIMANCHE ORDINAIRE B
(28 Juin 2015)

Marc Chap. 5, 21-43, avec Sg 1, 13-24 et 2Cor 8, 7-15

Guérison de la fille de Jaïre

Fil conducteur :

La Parole de Dieu de ce dimanche nous entraîne, bien au-delà de la simple "croyance" raisonnable dans les pouvoirs du Christ, jusqu'à la Foi dans laquelle se déploie ce premier élan vers l'Amour qu'est la confiance en Dieu!

Principaux Points :

1) **Convergence** de plusieurs problèmes pour Jésus, mais aussi pour tous les acteurs de cet épisode, dramatique au départ, mais porteur d'une **puissance formidable de libération** pour ceux qui, comme Jaïre, entrent totalement dans la perspective ouverte par Jésus.

2) **Le premier problème**, c'est celui du passage de la « croyance » à « la foi ». Jaïre va le vivre de façon exemplaire.
Sa demande d'intervention à Jésus témoigne de sa croyance dans les pouvoirs exceptionnels de celui-ci. Il lui reconnaît un pouvoir divin, en quelque sorte. C'est à partir de là que Jésus va faire avancer Jaïre vers une relation nouvelle avec lui, **une relation de confiance totale, une relation de foi, d'amour!**

3) Pour cela, Jésus va laisser Jaïre affronter de plein fouet le choc terrible du **problème du « Mal »**: pourquoi sa petite fille est-elle morte malgré sa démarche ? Pourquoi la mort ?
Le livre de la sagesse vient de nous dire que Dieu n'a pas, dans son Plan initial, voulu la mort, mais que celle-ci est venue par « la jalousie du démon », créant ainsi un « trou » dans la tapisserie harmonieuse de la création. Cette jalousie du démon n'est-elle pas suscitée par ces dons magnifiques que Dieu fait à l'homme, comme vient de nous le dire Paul !
Néanmoins, c'est ce « mal » que doit affronter Jaïre (et nous aussi d'ailleurs). Il lui faut choisir entre la confiance en Jésus et la méfiance, celle que dénote le ricanement de l'assistance.

C'est la nécessité du même choix qui nous **rejoint, nous aussi, au niveau des épreuves que nous affrontons** et dans lesquelles nous percevons bien qu'une lutte se joue, dans notre vie, entre l'Amour et les puissances du Mal. C'est alors la foi seule, car elle est **confiance au-delà de la simple « croyance »**, qui peut l'emporter…comme, d'ailleurs, pour la femme atteinte d'hémorragies!

4) A noter ce qui semble un détail, mai qui a son importance : l'injonction, par Jésus, aux parents, de faire manger l'enfant revenue à la vie ! Cela nous incite à **ne pas nous « enfermer » dans le « miraculeux »,** mais à bien garder les « pieds sur terre ». De même que, en sens contraire, les soucis de la vie quotidienne ne doivent pas nous rendre insensibles aux signes quasi miraculeux qu'on y rencontre…si l'on y porte attention !

QUATORZIEME DIMANCHE ORDINAIRE B
(5 Juillet 2015)

Marc 6, 1-6 avec Ez 2, 2-5 et 2 Cor 12,7-10

Jésus à Nazareth - Qui dirige notre vie ?

Fil conducteur :

Pour que Dieu conduise ma vie vers le Bonheur selon son Plan et avec ma libre participation, dans cette liberté nécessaire à l'amour, il me faut d'abord **reconnaître ma faiblesse**. C'est si je **l'accepte** comme Saint Paul, dans la joie d'une dépendance d'amour, que Dieu pourra alors réaliser en moi les merveilles dont il a déposé les germes!

Principaux points :

1) Ce récit de l'affrontement de Jésus avec ses concitoyens de Nazareth nous pose la question, capitale pour chacun de nous : qui dirige ma vie ?
    - Est-ce moi tout seul ? (comme l'affirmait le tatouage étalant sur la poitrine, du premier cadavre que j'ai eu à disséquer quand j'étais étudiant en médecine, l'affirmation cocasse : « ni Dieu ni Maître »)!
    - Est-ce Dieu sans moi? faisant de moi un robot irresponsable.
    - Est-ce Dieu avec moi? dans la confiance réciproque de l'amour.

Selon la réponse donnée, la solution de mes problèmes relèvera :
    - soit de moi tout seul,

- soit de Dieu tout seul, ce qui me rendrait irresponsable,
- soit de Dieu avec moi, dans la communion d'amour qu'il me propose… et qui est le bon choix, menant au Bonheur.

2) Cependant, même si nous avons fait ce « bon choix », nous constatons que, concrètement, nous laissons difficilement Dieu intervenir dans nos vies par l'envoi d'épreuves. Nous demandons, au contraire, comme Paul, qu'il nous débarrasse de celles-ci! Nous sommes tristes de devoir abandonner ce à quoi nous tenons… et nous sommes parfois même en **colère** devant ces épreuves douloureuses que nous trouvons « injustes » de la part de Dieu ! C'est le signe **que nous pensons savoir mieux que Dieu ce qui, au final, sera mieux pour nous !** Nous avons la prétention de connaître le fond des choses…comme ces gens de Nazareth qui croyaient tout connaître de Jésus et dont la vanité était un obstacle à l'action bienfaisante de celui-ci !

3) Paul nous a montré comment **redonner à Dieu sa vraie place** dans notre vie : en acceptant tout à la fois la réalité de notre faiblesse et la puissance transformante de son amour en nous : « ma grâce te suffit » lui a répondu le Seigneur !

C'est cela qui nous fera passer de la tristesse à la joie…et non les habituels encouragements venant des autres : « il ne faut pas pleurer comme ça mais sourir ! sois courageux ! ».

C'est ce qui nous fera sortir de notre colère devant l'épreuve, non pas par la porte de la révolte, mais par celle de la miséricorde, du pardon !

C'est aussi ce qui nous évitera d'exercer vis-à-vis de Dieu le chantage habituel : « puisque, Seigneur, tu nous a promis d'exaucer la prière, tu dois me débarrasser de ce qui va contre mes désirs » ! Ce serait faire passer mon Plan avant le sien, ma solution avant la sienne. Ce serait prendre emprise sur Dieu, comme ceux qui prennent emprise sur les autres en se permettant de leur dire : « si Dieu ne t'exauce pas, c'est signe que tu pries mal ou pas assez » ! Là encore, ce serait, comme les gens de Nazareth, prétendre tout connaître et prendre la place de Dieu !

En conclusion, ne soyons pas comme ces gens de Nazareth qui croyaient tout connaître et ont refusé l'offre de Jésus de le suivre pour gagner leur Bonheur par l'amour!
Ils ont préféré, pour leur malheur, tourner le dos à cette Bonne Nouvelle et mener leur vie à leur façon !

QUINZIEME DIMANCHE ORDINAIRE B
(12 Juillet 2015)

Marc 6, 7-13, avec Ep1, 3-14 et Amos 7,12-15

Envoi en mission

Fil conducteur :

Dieu a une mission spécifique pour chacun de nous. C'est lui qui nous la donne et nous ne devons pas nous dérober, sachant que Dieu nous aidera toujours au niveau des moyens à mettre en œuvre pour le résultat opportun… qui finalement, dépend de lui!

Principaux points :

1) Cet envoi des apôtres se situe après « l'échec » de Nazareth et va constituer une **étape importante dans la diffusion de la Bonne Nouvelle.** Il est caractéristique que Jésus ne se laisse pas impressionner par cet échec de sa prédication à Nazareth et accélère, au contraire, la diffusion de cette Bonne Nouvelle. C'est une bonne leçon pour nous, qui prenons prétexte de nos insuccès ou de nos soi disant incapacités pour ne plus rien faire !
2) Comprenons que, pour nous comme ce le fut pour les apôtres, le temps de formation, d'accumulation des connaissances, celui des sessions et retraites, tout à fait nécessaire, doit cependant, **ensuite faire place à l'action**. On ne peut éternellement recevoir sans donner à son tour. Il y a trop de chrétiens qui restent « consommateurs » toute leur vie.
3) Ceci dit, **c'est Jésus qui envoie en mission** et en fixe la date, les modalités. Pour nous, c'est pareil : **Dieu nous envoie chacun à la « mission » qu'il nous destine** et l'Eglise doit nous aider à la réaliser. La façon dont nous recevons de Dieu notre mission n'est pas identique et tout le monde, sur ce plan, n'est pas comme Marie, Joseph ou Jeanne d'Arc. N'attendons pas des signes extraordinaires ! Mais n'attendons pas, non plus, d'être dans des conditions parfaites pour passer à l'action et remarquons que Jésus conseille l'utilisation de moyens sobres (en ce qui concerne **la part des hommes).** Dieu ne nous demandera pas plus que ce que nous pouvons. En ce qui concerne la **part de Dieu**, rien de ce qui est nécessaire nous sera refusé !

4) Prenons donc les moyens que Dieu nous suggère et soyons dans la paix ! Etre dans la paix, cela veut dire que, ayant pris les bons moyens, ayant fait le nécessaire, ni plus, ni moins, de notre côté, nous pouvons, comme les vierges sages de l'évangile, dormir en attendant la venue de l'époux. C'est à ce dernier qu'incombe la réussite du résultat final de nos efforts.

Et, par ce que le résultat de la « mission » que Dieu confie à chacun de nous dans cette vie, en fin de compte, ne dépend pas vraiment de nous…mais de Lui, **nous avons une obligation claire de « moyens », mais pas de « résultat »**. C'est bien, par exemple, ce que, en tant que parents, nous avons à retenir des résultats de l'éducation de nos enfants. Soyons donc dans la paix !

SEIZIEME DIMANCHE ORDINAIRE B
(19 Juillet 2015)

Marc 6, 30-34 avec Jr 23, 1-6 et Eph 2, 13-18

Jésus, le « bon berger », a ouvert la brèche dans un abus de réglementations, pour nous introduire ainsi à la Loi d'Amour qui fait notre unité.

Fil conducteur :

Jésus ne se contente pas d'être ce Bon Berger en qui nous pouvons faire entière confiance. Il nous demande de suivre son exemple dans cette mission de berger, que nous avons tous auprès de nos frères.
Ainsi, il nous incite à bien différencier la Loi d'Amour et ses règlements d'application. Ces derniers devraient toujours évoluer, quand c'est nécessaire, pour rester conformes à l'Amour. A nous d'y veiller!

Principaux points :

1) Jésus est vraiment ce **bon berger** que nous attendions ! Voyez comment il prend soin concrètement des besoins de repos et réconfort des disciples retour de mission, comment il répond au désir légitime des foules d'être enseignées, comprises, guéries, guidées.
2) Avec autorité, Jésus, nous dit Paul, a réfuté **toutes les règlementations abusives parasitant la Loi de Moïse**, échafaudées par les mauvais bergers décrits par Jérémie. Ainsi, il a détruit le « mur » qui séparait juifs et païens. **Les règlements**, normalement, ne sont faits que **pour l'application d'une loi aux**

circonstances évolutives de la vie et doivent être changés quand ils ne sont plus adaptés à la Loi et en gâtent alors l'esprit. C'est cette adaptation que refusaient les ennemis de Jésus, dans la crainte de perdre leur pouvoir sur le peuple.
3) Mais Jésus ne se contente pas de rejeter ces règlements devenus abusifs. Dans la brèche ainsi ouverte, il développe la **Loi d'Amour**, « l'Alliance nouvelle et éternelle ». Ainsi, il a détruit le « mur » qui séparait juifs et païens et les a rassemblés en un seul peuple. Ce faisant, Jésus montre bien la différence entre la Loi, émanant de Dieu, de son Plan de Bonheur pour l'homme par l'Amour, **à respecter intégralement...** et les règlements complétant cette Loi, à faire évoluer selon les circonstances changeantes de la vie... ! Il nous libère...pour un « plus » !
4) **Cette libération** nous introduit à la « civilisation de l'Amour ». **Cette libération n'est pas l'anarchie avec levée de toute « barrière morale »**, comme le prônent de « mauvais bergers ». On ne peut supprimer les « glissières de sécurité » sur les autoroutes tant que le cœur des conducteurs n'est pas converti au respect du prochain !
5) En voyant comment se comporte le vrai berger qu'est Jésus, nous sommes **interpellés sur le type de berger que nous sommes**. Car tous nous sommes bergers dans le sens où nous avons la responsabilité de plus faibles que nous. Est-ce que, trop souvent, nous nous contentons de « faire des brèches » dans ce que nous jugeons inadapté, bête ou injuste, **sans nous préoccuper d'introduire la Loi d'amour à la place des brèches légitimes que nous avons pratiquées.**

DIX SEPTIEME DIMANCHE ORDINAIRE B
(26 Juillet 2015)

2 R 4, 42-44 Ps144 Ep4, 1-6 Jn 6, 1-15

La multiplication des pains

Fil conducteur :

Cette multiplication des pains nous est tellement familière qu'elle nous semble presque « naturelle » ! Et pourtant, elle nous apporte plus que le « miracle » en lui-même! Celui-ci nous fait découvrir la Toute Puissance du Christ et sa compassion, mais il nous appelle aussi à **participer à l'œuvre de Dieu** en tant que co-créateurs et en tant que disciples du Christ!

Principaux points :

1) Cinq pains et deux poissons nous semblent peu de choses, mais, aux yeux de Dieu, ils représentent **la participation des hommes** à son œuvre de salut, de même que la goutte d'eau qui sera mise tout à l'heure dans le calice représentera **notre participation**, lors de l'eucharistie, à l'offrande sacrificielle du Christ pour le salut de l'humanité….

2) Quand Jésus pose à ses disciples le problème de cette foule affamée spirituellement mais aussi physiquement, il reçoit deux réponses:
   - celle de Philippe (et de nous peut-être, habituellement!), qui se défile purement et simplement!
   - celle d'André, plus responsable, décidé à apporter ce qu'il peut, mais conscient de la "faiblesse de ses moyens" et dénotant alors une attitude de **confiance active en Dieu**, mais pas d'attente magique! Une vraie leçon pour nous qui avons un penchant naturel à demander à Dieu de tout faire…ou même à chercher ailleurs qu'avec lui des solutions… anormales! On retrouve bien, là, l'attitude d'Elisée dans la première lecture.

3) Pourquoi Jésus fait-il ramasser les morceaux ? Il aurait pu les faire enlever par des anges, pendant qu'on y est ! Mais non : tout ce que Dieu nous donne doit servir à la réalisation du Plan de Dieu, à la venue du Royaume. Bonne leçon de **véritable écologie** et de respect pour cet amour dont Dieu nous témoigne en nous confiant la création.

   De plus, dans ce respect de Jésus pour « ce qui n'a pas servi », il y a, pour nous, un appel à l'espérance. Nous pensons trop souvent avoir œuvré pour rien : « j'ai perdu mon temps à essayer d'éduquer mes enfants, à supporter mon conjoint….en pure perte, pour rien ! ». Non…avec Jésus, rien n'est perdu!

4) Au lieu de comprendre cela, nous voulons accaparer Dieu. Les juifs voulaient en faire leur roi…pour en profiter, bien sur! Notre attitude d'accaparement de Dieu, c'est elle qui oblige Dieu à prendre une distance (et ici Jésus à se retirer dans la montagne).
   C'est nous qui nous éloignons de Dieu et non l'inverse!

5) Les juifs voulaient prendre Jésus de force. **Forcer les choses n'est jamais dans le Plan de Dieu.** C'est ce que Gamaliel va démontrer avec sagesse au « grand conseil » (Ac 5, 34-39 : "ne risquez pas d'être en guerre contre Dieu!").

L'exaltation contagieuse de la foule ne plait pas à Dieu, car elle n'accomplit que le désir de cette foule et non la volonté de Dieu. L'exaltation désordonnée n'est pas l'enthousiasme d'une vraie louange, celle qui plait à Dieu !

DIX HUITIEME DIMANCHE ORDINAIRE B
(2 Août 2015)

Ex 16, 2-4. 12-15 PS 77 Ep 4, 17. 20-24 Jn 6, 24-35

Dialogue de sourds sur le bonheur

Fil conducteur :

Jésus s'évertue, en vain, à montrer à ses interlocuteur la voie du véritable bonheur, auquel ils préfèrent l'illusion!

Principaux points :

1) Une controverse s'installe entre Jésus et les juifs qui, pourtant, ont assisté au miracle de la multiplication des pains, mais n'en n'ont pas du tout compris la satisfaction! Pourquoi?
2) Tout simplement par ce que, comme nous aujourd'hui, ils sont plongés dans un monde d'avidité de désirs matériels, les portant à y voir le chemin du bonheur!
3) Le chemin du Bonheur par la pratique de l'Amour, que montre et pratique Jésus, leur parait en contradiction avec la satisfaction à tous prix de leurs désirs immédiats dont ils attendent un bonheur qui n'est, en fait, qu'illusion.
4) Qu'est-ce que tous ces hommes (et ces femmes), autour de Jésus, avaient conclu, qu'est-ce qu'aujourd'hui notre société conclue encore : **que notre bonheur nous viendra par la satisfaction de tous nos désirs,** les bons comme les mauvais. Et, **pour ne pas avoir d'obstacle à ses désirs,** le monde qui nous entoure, et parfois nous aussi, déclare **que c'est l'homme qui décide de ce qui est bon et de ce qui est mal : ce n'est plus Dieu, que l'on écarte le plus possible de notre société pour ne pas être gêné par des règles morales !**
5) Avouons le : sans même nous en rendre compte, nous faisons passer nos désirs matériels **avant le désir de l'amour véritable. Ainsi, notre prière est d'abord axée sur le « matériel »** : confort matériel, santé satisfaisante, argent, situation, assurances contre tous les malheurs, sans oublier **la considération**

que les autres nous doivent, **la sécurité** de nos biens, les **pouvoirs** que nous avons sur les autres ….et après cela, Seigneur, si tu as encore le temps de t'occuper de nous, donne nous un cœur qui écoute, qui aime vraiment et pardonne….à condition que ce ne soit pas trop difficile !

6) **Aujourd'hui, Jésus vient détruire nos illusions.** Il dit aux juifs et à nous que « **les œuvres de Dieu** », c'est de croire en celui que le Père a envoyé, c'est-à-dire Lui, Jésus, de croire en sa Parole.

Celle-ci nous dit que **le Bonheur ne se trouve que dans l'amour.** Il nous dit de le suivre sur ce chemin, **d'accepter de participer, avec Lui, en aimant Dieu, le prochain et nous-mêmes, à ce salut du monde** qui peut seul apporter le vrai bonheur, pas ce pseudo bonheur que nous propose le monde !

Le croyons-nous, le voulons- nous et le pratiquons- nous vraiment ? **Avons-nous choisi l'amour véritable comme sens à notre vie ?.....Il n'est jamais trop tard pour le faire !**

DIX NEUVIEME DIMANCHE ORDINAIRE B

(9 Août 2015)

1R 19, 4-8 Ps 33 Ep 4, 30 à 5, 2 Jn 6, 41-51

Croire en Jésus, vrai pain de Vie éternelle, venu du Ciel!

Fil conducteur :

Il y a **le principe,** selon lequel c'est l'Amour seul qui peut nous amener au Bonheur du Royaume, pour la Vie éternelle.
Et il y a **le moyen** d'y parvenir! C'est sur l'un et l'autre que porte ce bras de fer entre Jésus et les juifs qui le pressent de questions.

Principaux points :

1) C'est l'incompréhension totale, entre Jésus et ses interlocuteurs qui désirent le bonheur, mais en visant une mauvaise cible, car ils le cherchent par eux-mêmes, **suivant leur idée**, à côté de là où Dieu les appelle à le trouver. **C'est comme dans le jeu de « cache-tampon »,** où celui qui sait où est la cache dit aux joueurs s'ils sont chauds où froids, proches où loin de l'objet cherché. On

constate que, même si on leur dit qu'ils se refroidissent, certains persistent à chercher dans la mauvaise direction !

2) Jésus nous remet sur **la bonne piste : l'Amour**. Pour y rester et progresser, il nous montre aussi **les moyens** et d'abord ceux qui sont valables pour tous, quelque soit leur vocation personnelle, celle par l'amour dans le mariage, dans le sacerdoce, dans la vie religieuse etc…Si nous n' observons pas ces moyens, nous n'assumons plus notre vocation qui est l'Amour. Nous devenons alors **comme un automate, dans une vie dénuée d'amour comme une coquille vide.** Reste ensuite, à chacun, à discerner les moyens que réclame sa situation personnelle.

3) Mais pour rester fidèles à **notre vocation au Bonheur par l'Amour,** nous devons **"passer par le Christ"** car il est le seul Sauveur, Médiateur entre Dieu et les hommes. Il nous porte si nous le portons en nous, Lui, par la **communion à sa chair** "donnée pour que le monde ait la vie". Mais aussi si nous le portons…
- en lui ouvrant la porte de notre cœur par l'oraison silencieuse chaque jour,
- en nous imprégnant de sa Parole par une lecture attentive de celle-ci. Ainsi serons nous "instruits par Dieu Lui-même"!

Combien il est important pour nous, de persévérer **dans la confiance amoureuse en Dieu,** étendue au prochain, à laquelle Dieu nous appelle tous !

VINGTIEME DIMANCHE ORDINAIRE B
(16 Août 2015)

Vie naturelle ou vie surnaturelle? Choisir …et réaliser!

Fil conducteur :

Cette interpellation de Jésus à propos du "pain de vie" marque un tournant dans sa prédication. Jésus vient de multiplier les pains pour assouvir la faim de la multitude, combler un besoin naturel. S'il en reste là, c'est l'échec de sa mission, car elle restera à ras de terre, au niveau des désirs "naturels" de ces hommes qui veulent exploiter son pouvoir de les satisfaire et s'en contenteraient, en passant à côté du salut.
C'est le piège! Comment l'éviter?

Principaux points :

1) Jésus va montrer à ses auditeurs que, certes, la vie naturelle des hommes à du prix à ses yeux et il vient de le prouver par ce miracle. Mais il est venu leur apporter beaucoup plus, la Vie spirituelle et le salut et ainsi les conduire au véritable BONHEUR. C'est son union au Père qui lui permet de réaliser cela pour les hommes et vivre de façon surnaturelle et il ajoute pour nous . Il affirme avec force "je vis par le Père" (Jn 6, 57) et ajoute que celui qui mangera sa chair vivra par Lui, Jésus, de cette même Vie surnaturelle.
2) Voila pourquoi il nous est nécessaire de communier à sa chair et son sang…si nous voulons de cette Vie qu'il apporte et pas seulement de la vie naturelle, comme ceux qui avaient mangé le "pain naturel" (quoique providentiel!) de la manne…et sont morts…de mort naturelle.
3) Dés lors, le choix est clair :
Vivre par Jésus de façon "surnaturelle" en mangeant a chair et buvant son sang et parvenir au Bonheur sans fin du Royaume. Ou se contenter d'une vie "naturelle cool" mais sans salut possible, car coupée du Christ Sauveur, avec en perspective la mort "naturelle" et le trou dans la terre.
4) Il s'agit donc bien d'une question de choix de vie naturelle ou surnaturelle, par soi-même tout seul, ou par le Christ et son Amour salvateur. Pas de milieu entre les deux : comme le dit l'Apocalypse, Dieu vomit les tièdes!
5) Après avoir entendu cela, beaucoup de disciples abandonèrent Jésus! Et nous?

VINGT ET UNIEME DIMANCHE ORDINAIRE B
(23 Août 2015)

Jos 24, 1…18 Ps 33 Ep 5, 21-32 Jn 6, 60-69

Un choix décisif et difficile, mais véritable clé du Bonheur : la soumission à l'Amour!

Fil conducteur :

Tout au long de notre vie, à travers tous les événements, les rencontres, les joies comme les épreuves, nous devons choisir, librement mais intelligemment, soit la **soumission à l'Amour,** nous menant au BONHEUR de Dieu Lui-même, soit **le refus** de nous soumettre aux exigences de cet Amour.

Principaux points :

1) Nous sommes, qu'on s'en rende compte ou non, **soumis** à de multiples nécessités, règlements, pressions.
La soumission fait partie de notre vie de chaque jour. Dés notre réveil, lequel est programmé par la **soumission** à des horaires assez stricts en général, nous **sommes soumis à un tas de règlements :** mettre la poubelle à telle heure, tel jour…et ne pas se tromper dans la couleur, aller au travail, circuler selon le code de la route, encaisser les ralentisseurs qui abîment les suspensions, manger à telle heure, de telle façon. Bref, cela n'en finit plus et quand vient l'heure de dormir tranquille, enfin,…on est souvent soumis ….au bruit du voisin dont la télé hurle alentour ou aux cris du stade qui joue en nocturne !

Cette soumission nous est pénible, ….dans la mesure où elle nous est imposée, et plus encore si nous la jugeons inutile, illégitime, voir abusive. **Cette soumission « forcée » nous coûte**, car elle souligne nos limites, notre impuissance, alors que nous recherchons, plus de liberté et, avouons le, un **maximum de pouvoir**, sur les choses, les événements, sur notre santé, notre confort et aussi sur notre prochain! On préfère le soumettre pour ne pas lui être soumis ! (Il est plus sur de prendre les devants!). **Voilà ce qui nous habite!**

2) Nous devrions réfléchir au genre de soumission que nous vivons. Si c'est la soumission **à la force**, discrète ou brutale, elle ne pourra jamais nous rendre heureux. En effet, tantôt c'est nous qui sommes soumis, tantôt nous soumettons les autres : problème insoluble, va et vient déprimant entre les uns et les autres !

3) **Ce n'est pas la soumission à la force, mais à l'amour, qui nous est proposée aujourd'hui dans la Parole.** Quand Paul dit aux éphésiens: « soyez soumis les uns aux autres », cela signifie qu'aucun ne doit être, soit en position de force, soit en position de faiblesse, **mais à égalité !** A égalité en quoi ? Mais tout simplement dans la recherche, par chacun, du bonheur de l'autre : **avoir une égale volonté de procurer, autant que faire se peut, le bonheur de l'autre ! On est là dans le domaine de l'amour !** Paul demande aux femmes de procurer autant de vrai bonheur qu'elles le peuvent à leur cher mari ….(sans remettre à plus tard ce qu'on peut donner le jour même). Quant aux maris, il leur est demandé beaucoup plus (alors qu'il ne sont pas plus saints que leurs femmes !) : ils doivent donner du bonheur à leurs femmes **autant que le Christ,** lui qui nous en propose à tous, **en allant jusqu' à nous donner sa chair et son sang.** Cela, c'est la voie de l'Amour et donc du **BONHEUR !**

4) Mais quand Jésus a dit cela à ses disciples, beaucoup ont trouvé que c'était incroyable, impraticable et **ils ont préféré partir, par peur de l'amour proposé. De nos jours, dans les couples, c'est parfois la** fuite en partant. Si c'est "la fuite" tout en restant ensemble, mais **sans la soumission d'amour réciproque, alors ce peut être pire!**
5) C'est cette **soumission d'Amour**, vécue par **Jésus avec son Père**, dont il parlait à ses disciples, qui est la clé du Bonheur, débouchant vers la Vie éternelle. C'est ce **qu'il leur proposait de vivre à leur tour, avec lui et entre eux.** Mais il y en avait parmi eux « qui ne croyaient pas" (à l'amour) et sont partis, comme certains aujourd'hui!

VINGT DEUXIEME DIMANCHE ORDINAIRE B
(30 Août 2015)

Dt 4, 1…8 Ps 14 Jc 1, 17-27 Mc 7, 1…23

Remise à leur place des donneurs de leçons, occasion de définir la véritable pureté!

Fil conducteur :

Jésus est en colère après les "donneurs de leçons aux autres" (que nous sommes parfois!). Il sait très bien que nous faisons cela non pour les aider vraiment mais trop souvent, plutôt, pour savourer leur enfoncement, la honte où nous les acculons par nos remarques soi disant charitables, "pour les aider bien sur !". Il prend la défense de ceux qui pratiquent vraiment les commandements de la Loi d'Amour…et non l'hypocrisie!

Principaux points :

1) C'est **pour protéger les vrais disciples** que Jésus doit démasquer ceux qui veulent les égarer en changeant la Loi d'Amour en prescriptions impératives, grotesques quand elles deviennent outrancières. Pour cela, il va démasquer les scribes et les pharisiens, qui honorent Dieu du bout des lèvres mais dont le cœur est éloigné de Lui et dont le culte qu'ils rendent est "inutile".
2) Il dénonce, autrement dit, toutes les simagrées faites devant le Seigneur et qui ne servent à rien, y compris celles que nous nous permettons nous-mêmes, soi-disant "pour le bien des autres" ou pour "la gloire de Dieu".

3) C'est l'occasion, pour Jésus, de nous montrer ce qu'est **la véritable pureté**. Non pas une "pureté" extérieure, faite d'observances dépassées et rendant à Dieu "un culte inutile". Mais la pureté du cœur, c'est-à-dire l'absence d'obstacle mis par nous à la volonté de Dieu sur nos pensées, paroles et actions.
4) **La véritable "pureté" est positive.** Elle nous fait accueillir avec confiance ce que Dieu nous présente comme bon pour nous. Et ceci pas seulement sur le plan de notre sexualité, mais sur ce qui concerne toute notre personne. **Elle est comme l'eau pure** qui n'offre aucun obstacle à sa traversée par la lumière. Elle permet à la Loi d'Amour, dont nous parle Jésus, de s'exprimer concrètement dans toute notre vie!

VINGT TROISIEME DIMANCHE ORDINAIRE B
(6 Septembre 2015)

Mc 7, 31-37 avec Is 35, 4-7 et Jc 2, 1-5

Une leçon de compassion et de respect, dans la relation aux autres et une espérance d'amélioration de cette relation si malmenée!

Fil conducteur :

Magnifique exemple que nous donne Jésus, de respect et d'amour dans la relation au prochain.
Cela doit nous inciter, pour faire de même, à bien regarder nos façons habituelles de nous comporter avec les autres.

Principaux points :

1) **Ce monde idéal** que nous annonce Isaïe n'est-t-il pas une fable pour enfants sages ? Oui si nous n'avons pas compris qu'il nous décrit, en fait, ce que Dieu a prévu dans son Plan initial.
   Pour que ce monde conforme au Plan de Dieu
   puisse se réaliser, il faut :
   - **la part de Dieu** : elle est en potentialité dans cette création offrant la possibilité d'orientation vers un monde idéal ou, au contraire, vers une « jungle » relationnelle. On rejoint ici le problème du Mal.
   - **La part de l'homme**, qu'il réalise, dans sa liberté, vers le Bien ou vers le Mal.

2) Jésus va nous montrer, dans sa façon de réaliser la guérison du sourd-muet, d'une part que Dieu intervient pour l'homme par une **compassion efficace** et, d'autre part, **qu'il y a une façon de faire vis-à-vis de « l'autre » pouvant déjà changer ce monde détraqué** !

Pour cela, Jésus va agir **à l'encontre de nos fausses « valeurs »** habituelles ! Vanité, orgueil, puissance, « tape à l'œil », froideur, non respect... Toute cette panoplie empoisonnant nos relations et dénoncées dans la lettre de Jacques (à peine exagérée, hélas), **Jésus va la transformer en relation d'amour envers le sourd-muet.**

Il commence par lui éviter de figurer comme une bête curieuse devant cette foule avide (comme nous) de merveilleux. Tout se passera dans la discrétion !

Ensuite, Jésus va montrer **sa proximité aussi profonde que discrète,** envers cet exclu incompris comme le sont en fait tous les sourds.

Il va le toucher respectueusement, lui donner **une part de lui-même** qu'est sa salive (tant pis pour les règlements d'hygiène européens !). A noter qu'il renouvellera ce geste d'intimité avec l'aveugle de Bethsaïde. **Plus tard, il donnera son corps et son sang.** Jésus peut se permettre cela car toute son attitude est respectueuse, adaptée aux craintes légitimes de cet handicapé, dont il souligne ainsi **la valeur aux yeux de Dieu** : c'est pour cet homme qu'il est là, qu'il agit et pour lui seul. Le soupir qu'il émet n'est pas une plainte, mais marque l'intensité de son attention envers celui qui souffre. Cela explique la recommandation de discrétion !

3) Jésus vient de nous montrer concrètement **comment agir pour transformer ce monde en transformant nos relations avec le prochain**. Regardons notre propre façon habituelle d'agir et déjà avec nos plus proches prochains, ceux avec lesquels « on ne se gêne pas bien sur » :
    - les respectons-nous vraiment et toujours ?
    - les soustrayons-nous à la critique des autres...en ne les critiquant pas nous-mêmes en public ?
    - les mettons-nous en valeur...ou notre propre réputation passe-t-elle avant la leur ?
    - les rejoignons-nous avec compassion, dans leurs souffrances et d'abord nous rendons-nous compte de celles-ci ?
    - cherchons-nous à les connaître afin de les rejoindre et nous laissons-nous connaître tels que nous sommes ?
    - cherchons-nous et leur donnons-nous leur Bien véritable et accueillons nous d'eux le nôtre ?

Il y a du pain sur la planche ! Au travail !

VINGT QUATRIEME DIMANCHE ORDINAIRE
(13 Septembre 2015)

Marc 8, 27-35 avec Gn 9, 1-13 et Jc 2, 14-18

Qui est Jésus ? Comment peut-on le suivre ?

Fil conducteur :

La connaissance de la véritable identité de Jésus : vrai Dieu, vrai homme, envoyé par le Père pour nous sauver, devrait, normalement, entraîner notre enthousiasme pour le suivre. Sauf que, comme Pierre, nous pensons avoir tout saisi, alors que nous n'avons rien compris en fait. D'où la nécessité pour nous d'être vraiment à l'écoute de sa Parole et ouverts à lui par une prière d'intimité.

Principaux points :

1) La première question, concernant **l'identité de Jésus**, n'a toujours pas fini de susciter beaucoup de confusion et contestation, justement parce que, de la réponse donnée, dépend l'orientation de la vie de chacun et celle de toute l'humanité !
Encore faut-il que la découverte de cette identité de Jésus s'accompagne, pour nous, d'une **concordance** entre notre comportement de vie concret et l'adhésion, par la foi, à sa personne ainsi découverte.

2) Dans sa concision habituelle, Marc donne de l'identité de Jésus, proclamée par Pierre, une présentation moins complète que celle de Matthieu (16, 13-20). Mais la convergence des évangiles synoptiques, nous affirme que Jésus, « fils de l'homme » est à la fois homme et Dieu, Fils du Dieu vivant ! La suite nous montre que Pierre n'avait pas encore compris toute la portée de la déclaration que lui avait « soufflé » l'Esprit, non plus que les autres apôtres.

3) Jésus leur explique alors ce qui caractérise le Messie et **ceux qui veulent le suivre : l'amour véritable**, non dans l'étiquette que l'on porte, mais dans le concret de nos actes (comme vient de l'expliquer Jacques !) et dans le cœur profond de notre être. Or, quand on n'a pas compris une nouvelle…il vaut mieux n'en parler à personne (contrairement à ce que nous aimons faire !). Donc Jésus leur demande de n'en rien dire pour le moment !

4) Au cours de cet épisode, Jésus va apporter une pleine lumière non seulement, comme on l'a vu, sur sa personne, mais **aussi sur la foi** : il va d'abord laisser s'exprimer toutes ces **« croyances »** des hommes, plus ou moins farfelues car **venant de la raison humaine** (selon les uns tu es….), pour en souligner la **différence avec LA FOI**. La Foi est grâce de Dieu touchant un **esprit humain réceptif,** c'est-à-dire **faisant confiance à Dieu qui le visite**. Ce n'est donc nullement le seul résultat d'une réflexion, d'un raisonnement. C'est la **certitude que Dieu est Amour**, emplissant le cœur de l'homme, le plus profond de l'homme…c'est-à-dire **son esprit**. C'est ce qui est littéralement « tombé » sur Pierre …malgré toute son ignorance, malgré toutes les limites de son « intelligence » telle que l'entend le « monde », (ce qui doit nous consoler de toutes nos limites en ce domaine et nous encourager dans l'espérance de cette grâce venant de Dieu!).

5) Mais Jésus va aller jusqu'au bout : **la grâce de la foi exige de nous, en retour, une adhésion totale au Plan de Dieu sur chacun et tous.** Et c'est ce que Pierre n'avait pas encore compris. Sans doute a-t-il pensé : « j'ai la foi…merci Jésus, merci de l'avoir déclaré devant tous les copains et de m'avoir donné la primauté sur eux !...maintenant, **c'est à moi de décider** de ce qui est bien, de ce qui est bon pour ma vie, pour celle des autres ! » Et tout de suite il va mettre en pratique cette conviction erronée en se permettant de faire des **remontrances à Jésus qui vient d'expliquer à tous le Plan de Dieu sur lui, le Messie,** à savoir: « Il va falloir que le Messie que je suis, souffre sa passion, soit mis à mort… ». Et Pierre de barrer la route à ce Plan de Dieu et de mettre en avant le sien ! « **Non, jamais** cela ! ». **Il a cru qu'il pouvait avoir la foi sans accueillir la pleine volonté de Dieu sur lui,** en fixant lui-même et sans appel **sa propre recette du Bonheur,** comme nous quand nous prions soi disant le Seigneur tout en lui dictant ce qu'il doit faire pour nous….tout simplement parce que **nous ne faisons pas vraiment, sincèrement confiance à son Plan** à lui !

6) Tout cela doit nous faire réfléchir ! D'abord, pour moi, qui est vraiment Jésus ? Suis-je dans une vague croyance par rapport à son humanité et sa divinité ? Si c'est le cas, et malgré de courageuses prises de position de « croyant », comme Pierre, je ferai sans doute de temps en temps des « remontrances » à Jésus quand ce qu'il me demande va à l'encontre de mon plan à moi !

Ou bien ai-je **ouvert mon cœur à la Foi véritable, celle qui met la concordance,** dans ma vie concrète, entre le Plan d'Amour, de Dieu (auquel Jésus, lui, a souscrit cent pour cent) et mon plan à moi ? **Cette concordance de la foi** doit traduire mon choix d'aimer en premier le Seigneur, source de l'Amour, pour ensuite pouvoir aimer réellement mon prochain, autant que moi-même !(cf Jc 2, 14-18).

VINGT CINQUIEME DIMANCHE ORDINAIRE
(20 Septembre 2015)

Marc 9, 30-37 avec Sag 2, 12-20 et Jc 4, 1-10

La vanité ! Est-ce un simple reflet de la bêtise humaine ou ce qui entraîne notre vrai problème ?

Fil conducteur :

La Parole de ce dimanche nous démontre le danger de la vanité et les maux qu'elle peut engendrer. Faut-il alors nous contenter de ce constat déprimant ? Non, nous avons à déceler en nous l'origine de ce fléau et à le combattre avec les moyens efficaces d'un véritable accompagnement psycho-spirituel chrétien!

Principaux points:

Comme elle nous parait **ridicule, la prétention des disciples à être le plus grand** ! Nous admirons la façon ferme et charitable qu'a Jésus de les remettre à leur place, celle du service (s'ils veulent vraiment suivre Jésus), alors qu'ils sont « sur une autre planète», celle de la vanité !
Nous ferions mieux de réaliser comment nous-mêmes sommes vaniteux…au point de privilégier toujours notre façon de voir les choses, de voir les autres et leurs actions pour les juger, de voir les agissements de Dieu en nous permettant de les critiquer. Vraiment, c'est un peu fort !

1) Notre vanité à nous, c'est, **par exemple** :
    - pour les hommes, de se croire les chefs incontestables dans le couple, la famille…et ailleurs. C'est, par conséquent, avoir raison, a priori…sans même devoir en discuter !
    - pour les femmes, penser détenir la totale compétence du cœur, face à ces hommes soi-disant dépourvus de subtilité, de délicatesse, de savoir faire sentimental, incapables de découvrir la vertu incarnée dans leur femme !
    - pour les jeunes, avoir la prétention de tout comprendre et connaître, sans le recours à l'expérience de ces « vieux » ringards et pitoyables !

Beaucoup d'illusion, donc, dans cette attitude vaniteuse dont nous n'avons même pas toujours conscience. Et si, d'aventure, nous réalisons le ridicule de cette vanité, nous sombrons dans **la honte**, comme les disciples. Une honte muette (verset 34), qui explique peut-être la pauvreté de nos dialogues avec nos proches !

2) Comment jésus va-t-il amener les disciples (et nous !) à comprendre l'origine de leur vanité? Il leur propose l'exemple d'un enfant. Mais il convient de saisir ce qu'il nous faut imiter chez l'enfant ! Ce n'est pas une innocence fictive, car les enfants sont, eux aussi, vaniteux, durs avec les autres enfants et même parfois carrément méchants ! Par contre, ils ont à leur crédit **un capital de confiance** que les adultes ont trop souvent perdu peu à peu. Cela est bien illustré par l'observation suivante : si l'on présente du lait à un petit chevreau nourri hors de sa mère, il ne le prendra pas avant de l'avoir bien flairé. Si l'on donne un biberon à un petit d'homme, il le prendra directement, en toute confiance, quitte à se brûler si c'est trop chaud ! C'est donc **cette confiance du petit d'homme,** que Jésus veut proposer aux disciples. C'est tout simplement d'un manque de confiance de l'homme en lui-même, dans les autres et en Dieu que procède la vanité!

3) A la racine de ce manque de confiance, il y a, chez tous les humains, **notre fameux sentiment de « non-amabilité »,** appelé encore sentiment « d'indignité/culpabilité », venant de l'insatisfaction du **besoin /désir de chacun d'être aimé et d'aimer sans mesure, car créé à l'image de Dieu.**
(NB On peut trouver les développements concernant cette question dans le tome 1 de la série « Réponses chrétiennes à quelques questions » par Michel ANDRE ISBN : 978-3-8416-9824-7).

En conséquence, pour se persuader soi-même et persuader les autres que l'on est aimable, on camoufle ce sentiment inconscient d'indignité derrière une **présentation vaniteuse de notre personne**. Mais, en fin de compte, cela ne trompe ni Dieu, ni les autres ni nous-mêmes et c'est la source de bien des difficultés relationnelles !

Alors, pourquoi ne pas, plutôt, chercher l'aide compétente pour liquider, à la fois, cet encombrant et détestable sentiment d'indignité…et notre vanité!

Cela s'appelle **l'accompagnement psycho spirituel chrétien ! C'est pour nous tous !**

VINGT SIXIEME DIMANCHE ORDINAIRE
(27 Septembre 2015)

Marc 9, 38-48 avec Nb 11, 25-29 et Jc 5, 1-6

Un bon choix à faire, la soumission réelle à l'Esprit !

Fil conducteur :

Ce qui fera la vraie réussite de notre vie, c'est notre soumission réelle à l'Esprit Saint et non "l'utilisation" de celui-ci, par nous, pour notre satisfaction personnelle, pour notre propre gloire.
Le choix de cette libre et joyeuse soumission amène à l'Amour. Son refus entraîne le Mal, dont la jalousie, si fréquente hélas, est révélatrice de l'installation insidieuse de celui-ci!

Principaux points :

1) **L'Esprit Saint et nous :**
Voici, dans la Parole de ce dimanche, deux prodiges de l'Esprit : deux anciens prophétisent dans le camp, en dehors du « label Moïse » et un inconnu, sorti d'on ne sait où, guérit quelqu'un « au nom de Jésus ».
Nous devrions en conclure que **c'est l'Esprit qui agit dans la diffusion de la Bonne Nouvelle et que nous ne sommes que ses instruments…et non l'inverse !**
La réaction des assistants est toute autre et la nôtre parfois aussi!
Le récit du livre des Nombres nous montre que **c'est l'Esprit qui a l'initiative**, mais que nous avons la fâcheuse prétention de vouloir l'employer à notre service **pour réaliser notre plan plutôt que le sien.**
Moïse vient de dénoncer cette prétention et Jésus, plus encore, en remettant Jean à sa place. Cependant, Jésus nous ajoute que celui qui reçoit la grâce d'être l'instrument miraculeux de l'Esprit ne peut, **aussitôt après**, « mal parler » de lui ! Certes, mais il y a là une restriction par rapport à ce qui risque de se passer **plus tard** si le "faiseur de miracle" reste isolé, loin de Jésus! C'est une mise en garde vis-à-vis du **danger d'opérer seul**, en dehors de l'Eglise, pour répandre la Bonne Nouvelle.
Combien de personnes de bonne volonté se figurent avoir « le numéro de portable personnel de l'Esprit Saint » et n'entendent recevoir que de lui,

directement, leurs inspirations. C'est ainsi que commencent les « gourous » fondateurs de sectes !

2) Jésus, après ces mises en garde, nous demande de **choisir :**
- **soit le Plan de Dieu**, celui de l'Amour
- **soit notre plan**, marqué par le péché.

C'est l'un ou l'autre ! Et de ce choix vont découler des attitudes et, finalement, une destinée totalement opposées !

- Si nous choisissons vraiment le Plan de Dieu, **nos moindres actes** font avancer sa réalisation.

Ainsi, offrir un simple verre d'eau pour favoriser la diffusion de la Bonne Nouvelle, c'est se placer dans la première catégorie, du côté de l'Amour. A la limite, ce n'est pas tant l'importance apparente de cette action ou ses modalités qui lui donnent sa valeur, mais **l'adhésion personnelle à cette Bonne Nouvelle et à l'Amour dont elle procède**.

- Mais, à l'inverse, certains choisissent leur plan personnel, opposé à celui de Dieu dont ils détournent aussi le prochain, par le scandale. Jésus les blâme sévèrement, ainsi que le fait Jacques. La mise en garde est sévère (Mc 9, 43 à 46), mais toutefois peut-être pas à prendre au pied de la lettre (ce que semble confirmer le peu de manchots, unijambistes et borgnes dans nos assemblées !)

3) La réaction de l'apôtre Jean, que nous venons de voir et celle que nous avons souvent, par rapport à la « réussite » des autres, jugée par nous imméritée, soulève **la question de la jalousie !** Ce qui est évoqué ici n'est pas ce questionnement maladif, incessant, envahissant (avec investigation du portable de l'autre, épluchage de son emploi du temps) sur l'infidélité réelle ou supposée de l'autre. C'est une autre « jalousie », **celle qui rend malheureux du bonheur des autres** ! Sommes-nous bien certains d'être « au-dessus de ça » ? N'y a-t-il pas parfois, dans nos « exigences de justice » une pointe de jalousie ? Des remarques du genre : « il a quand même trop de chance… », « ça va lui rabattre son caquet… », « c'est bien fait pour lui »…devraient nous interroger sur nos manques d'amour réel du prochain et sur…notre jalousie !

En conclusion, soumettons-nous vraiment à l'Esprit Saint !

VINGT SEPTIEME DIMANCHE ORDINAIRE
(4 Octobre 2015)

Marc 10, 2-16 avec Gn 2, 18-24 Ps 127 He 2, 9-11

Affrontement sur le mariage

Fil conducteur :

Il y aura toujours affrontement entre le Plan de Dieu sur la sexualité de l'homme, destinée à le faire progresser en Amour et l'égoïsme humain dont le but est tout autre. Pour autant, il ne faut pas confondre la Loi d'Amour intangible, définie par le Christ dans le cadre du salut de l'humanité et les règlements nécessairement modifiables de don application concrète.

Principaux points :

1) L'enjeu est de taille : l'homme va-t-il entrer dans le projet de Dieu **d'utiliser la sexualité comme instrument d'Amour en vue du Bonheur, ou détourner la sexualité** de son but pour obtenir son bonheur **par lui-même**, en dehors de l'Amour, en dehors de Dieu ? Depuis le début de l'humanité, cela n'a pas changé : il y a un affrontement entre ces deux visions de la sexualité et du Bonheur. Pas étonnant que les ennemis de Jésus essaient de le coincer sur ce sujet et qu'aujourd'hui, l'Eglise soit attaquée à son tour à ce propos. Tout en maintenant, elle aussi, la position ferme de Jésus sur la Loi d'Amour, **elle ne doit, pas plus que lui, se laisser piéger à propos de règlements !**
2) Jésus fait bien la **distinction entre la Loi d'Amour régissant la sexualité et les applications** adaptées aux circonstances, **que sont les règlements.** Ainsi, l'adaptation du règlement de Moïse sur le certificat de divorce, en fonction de la dureté de cœur des juifs de son temps avait pour but la protection de la femme répudiée. Mais cela ne modifie en rien l'exigence de la Loi d'Amour, à savoir **la fidélité !**
3) Jésus rappelle que le couple humain a été formé par Dieu dans un but dépassant totalement celui des animaux sexués. Certes, la Bible emploie, pour le dire, un langage poétique et imagé, mais le fait que ce « don » de la femme à l'homme ait lieu au cours d'un mystérieux sommeil s'emparant de l'homme, montre que **c'est Dieu qui agit …et non le vouloir de l'homme**

(comme avec Abraham, Jacob). C'est donc bien Dieu et non l'homme, qui fixe au couple humain sa finalité dans laquelle l'Amour et la fidélité concomitante ont un rôle de choix

4) Le but de l'union de l'homme et de la femme a donc bien été précisé par Jésus. C'est dans le plan de Dieu et ne peut donc changer. Le problème de l'admission, aux sacrements, des divorcés contractant un nouveau mariage est **une toute autre question**, en grande partie d'ordre réglementaire et pouvant donc évoluer, comme le règlement sur le certificat de répudiation dont on vient de parler.

Sur cette question, en tous cas, **c'est l'amour qui doit avoir toujours le dernier mot, comme Jésus vient de nous le montrer...et non le règlement s'il n'est plus conforme à l'amour !**

VINGT HUITIEME DIMANCHE ORDINAIRE
(11 Octobre 2015)

Marc 10, 17-28 avec Sg 7, 7-11 et Hb 4, 12-13

Les obstacles de nos richesses

Fil conducteur :
Le But, c'est bien d'obtenir le BONHEUR pour lequel Dieu nous a créés. Mais nous prenons pour cela des moyens qui sont, en fait, des obstacles dont nous n'avons même pas conscience!

Principaux points :

1) Comprenons bien, d'abord, que, à travers ce jeune homme riche, **c'est nous qui sommes concernés**. Si nous n'éprouvons pas la même stupéfaction que les disciples après les paroles de Jésus, c'est que nous sommes en pleine illusion sur nous-mêmes !
   Car nous sommes tous des « riches » !

2) Qu'est-ce qu'un riche ? C'est celui qui, pour obtenir le BONHEUR, va amasser tout ce qu'il peut, va employer tous les moyens qu'il peut (même honnêtes), en suivant son propre jugement, tout seul, **selon son mode d'emploi, qui n'est malheureusement pas celui de Dieu.**

Dans ce but, certes, nous essayons d'abord d'amasser l'argent, par ce que c'est un moyen pratique de se prémunir contre l'adversité. Mais ce n'est pas la seule digue élevée par nous contre tout malheur éventuel, ce n'est pas la seule "assurance" que nous essayons de souscrire **contre l'insatisfaction de nos désirs!**

Il y a aussi nos « droits », souvent à sens unique, notre bonne réputation, notre « honneur », notre position d'honnête homme, voir… de « bon chrétien » !

Tout cela nous semble tellement normal que nous n'en avons pas plus conscience que « le jeune homme riche » ou les disciples. Bref, **les « riches », c'est pas seulement les autres**, mais bel et bien nous, aussi, dans la mesure où nous donnons à ces "richesses" plus d'importance, pour notre Bonheur, que l'Amour de Dieu et du prochain !

3) Au fond, nous devrions être aussi stupéfaits que les disciples, car nous aussi, nous n'avons pas compris que **Dieu seul peut nous fournir le bon mode d'emploi pour le BONHEUR, le vrai !** Jésus nous dit bien qu'il faut nous débarrasser de tous ces faux pourvoyeurs de bonheur que sont ces richesses / idoles. En effet, il affirme qu'il est plus difficile à un riche d'entrer dans le Royaume qu'à un chameau de passer par la « porte de l'aiguille », car pour qu'il franchisse cette porte de Jérusalem **on le débarrassait** de son chargement, manœuvre que nous devrions faire spontanément sur nous-mêmes par rapport à nos « richesses » de toute nature!

Au passage, remarquons que, pour le verset 18 de Marc 10, la bonne traduction est « pourquoi m'interroges-tu sur ce qui est bon pour entrer dans le Royaume"?…("tu devrais le savoir "!) .

4) Alors, stupéfaits comme les disciples, prenons enfin conscience de l'incapacité de notre mode d'emploi « humain » pour obtenir le Bonheur (ce Bonheur du salut pour lequel Jésus est venu parmi nous : Jn 3, 16). **Débarrassons-nous de nos fausses sécurités pour accueillir les vraies, celles que Jésus nous offre !**

VINGT NEUVIEME DIMANCHE ORDINAIRE
(18 Octobre 2015)

Mc 10, 35-45 avec Is 53, 10-11 et Hb 4, 14-16

Quelle sorte de religion pratiquons-nous ?

Fil conducteur :

Le long cheminement des apôtres, allant d'une croyance très "mélangée", jusqu'à la FOI qui les a jetés sur les routes du monde pour annoncer la Bonne Nouvelle, est pour nous source d'espérance. Nous avons, en effet, à faire le point, aujourd'hui, sur notre "religion" personnelle, par rapport à ce que nous voyons dans le "monde" autour de nous. Nous devons aussi profiter de tout ce que Jésus nous a apporté pour parvenir, nous aussi, à cette FOI libératrice !

Principaux points :

1) Première constatation : l'énorme décalage entre ce que vient d'annoncer Jésus à ses disciples, à savoir l'imminence de sa passion, de sa mort, de sa résurrection…et **la préoccupation mesquine de gloriole** des apôtres Jacques et Jean. Après trois ans de compagnonnage avec Jésus, en être encore là est lamentable ! Mais dans un certain sens cela nous fait espérer que, malgré notre faiblesse, nous parviendrons, comme eux, un jour, au Royaume de Dieu.

La demande stupide de Jacques et Jean en dit long sur leur « religion », c'est-à-dire ce qui les relie à Dieu !

Bien sur, **ils sont « croyants »,** en la puissance de Dieu, en Jésus comme Messie, mais sans attacher encore à ce terme son véritable sens. Ils n'ont pas compris **l'amour infini que Dieu nous manifeste** en la personne et en la mission de Jésus. Leur relation à Dieu est encore basée sur la vaine gloire, sur l'obtention d'avantages personnels et non sur l'amour : **ils ne sont pas dans la FOI !**

2) **Et nous, où en sommes-nous vraiment en matière de religion ?** Disons-nous, comme beaucoup de nos contemporains que « toutes les religions se valent » ?

Cela voudrait dire que Dieu est vu de la même façon par tous les hommes. Ce n'est certainement pas le cas, outre le fait que certains ne croient pas en Dieu.

Certains voient en Dieu essentiellement la Toute Puissance (les chrétiens que nous sommes la voient aussi !). Mais si cette Toute Puissance ne s'accompagne pas d'amour, alors, la peur sera automatiquement au rendez-vous…et c'est bien ce qu'on constate (y compris chez certains qui se disent chrétiens).

Pour d'autres « croyants », la Toute Puissance divine se répartit en **une multitude de « divinités »** aux contours assez flous, réparties, entre le Bien et le Mal. Dans la lutte entre elles et l'issue incertaine qui en découle, l'aspiration à l'Amour et au Bonheur que tout homme porte en son cœur est insatisfaite !

Quant à la croyance en un Dieu dont la Toute Puissance solitaire, pour ne pas dire «envahissante», éclipse tout amour, nous savons combien elle risque d'entraîner l'intolérance et la haine !

Jésus, lui, est venu non seulement nous confirmer la Toute Puissance du Dieu unique, le Dieu d'Abraham et des patriarches, mais **nous révéler l'Amour infini qui réunit les trois personnes de la Trinité divine.**

3) **Cette salutaire Bonne Nouvelle, Jésus nous demande d'y adhérer :**
   - en choisissant l'Amour comme sens à notre vie, à notre relation à Dieu et aux autres,
   - en « ouvrant notre porte » (Ap 3, 20) à Celui qui vient nous apporter **la certitude de l'Amour de Dieu pour nous** et demeurer en nous, pour notre joie…que, dés lors, rien ni personne ne pourra nous retirer !

Si ce dimanche est celui « de la mission », on peut évoquer celle-ci, qui est :
   - certes **témoignage** du bonheur que la FOI procure en notre vie dés maintenant,
   - mais aussi **explications** sur le chemin qui y mène, fournies à ceux qui sont « en recherche ». Ainsi, à ceux qui nous disent désirer « la foi » mais « ne l'ont pas », nous pouvons préciser que « pour ouvrir la porte », il faut déjà avoir choisi « l'amour » et non l'indifférence ni, à plus forte raison la haine sous toutes les formes que ce soit !
   - quant à l'incidence de la « mission » sur notre vie concrète, elle concerne évidemment tous les aspects de notre vie, selon notre vocation propre. **La « mission » n'est pas pour « les autres » seulement,** mais pour tous les baptisés conscients de la grâce de leur baptême.

TRENTIEME DIMANCHE ORDINAIRE B
(25 Octobre 2015)

Mc 10, 46b-52 avec Jr 31, 7-9 Ps 125 He 5, 1-6

La guérison de Bartimée

Fil conducteur :

C'est le modèle de la guérison que Jésus veut opérer pour tous, à commencer par chacun de nous, car c'est une guérison globale. Elle commence par notre entrée dans la "confiance de l'Amour" et débouche sur un changement libérateur et concret pour notre vie!

Principaux points :

1) Le passage de Jésus à Jéricho, sur le chemin de Jérusalem, est entièrement consacré, par Marc, à cette guérison de Bartimée : Jésus entre et sort de Jéricho comme s'il n'y était venu que pour rencontrer et guérir cet aveugle : Dieu sait ce qu'il fait ! (Matthieu, lui, parle surtout de Zachée !) Quelle différence entre l'attitude de cette foule qui ne porte aucune attention à la détresse de cet aveugle, ce Bartimée qui la gêne avec ses cris …et l'attitude de Jésus qui, lui, perçoit tout de suite le signal qui lui est lancé…comme s'il l'attendait ! Aurions nous fait mieux que les disciples ? Combien il est difficile pour nous de tenir le juste milieu entre l'attention à ceux qui souffrent et l'efficacité ! Avec quelle facilité, nous aussi, nous passons de l'indifférence à cette compassion hypocrite par laquelle se « rattrapent » ceux qui réprimandaient l'aveugle quelques instants avant !

2) Nous percevons l'intensité de la relation qui lie déjà Bartimée à Jésus, par la façon dont il s'adresse à lui. Il l'appelle « Jésus », ce qui signifie « Dieu sauve » et « fils de David », terme qui désigne sans conteste le Messie. Bien que n'ayant encore jamais vu Jésus, Bartimée a tout compris car, si ses yeux étaient fermés à la vue, son cœur, lui, attendait, non seulement de voir, mais de suivre ce Jésus dont il avait entendu parler. **Il n'a pas seulement cru** en la capacité de Jésus de lui rendre la vue, mais il a manifesté **sa Foi** en lui, par la **confiance absolue** qu'il a mise en lui, la confiance de la foi, la confiance de l'amour. C'est cette foi que Jésus

reconnaît à Bartimée. « Va, ta foi t'a sauvé », lui dit-il en lui ouvrant non seulement les yeux, mais la possibilité de devenir pleinement disciple !

En effet, une guérison ne sera complète que si, après restitution de ses capacités physiques, la personne bénéficiaire s'oriente à plein vers l'amour.
Dés lors, **suivre Jésus, devenir son disciple**, est la conséquence normale que Bartimée va réaliser dés qu'il recouvre la vue. Remarquons, une fois de plus avec quelle promptitude Jésus exauce une demande allant dans le sens de ce que Dieu désire pour notre Bien !

3) **Cette conversion est-t-elle notre cas également**, pour nous, qui souvent bénéficions d'une multitude d'améliorations concernant notre état physique, affectif, spirituel, sans même nous en apercevoir et en remercier Dieu ! Pour parler de « guérison globale », il faut qu'intervienne, pour nous aussi, ce **changement radical dans notre vie, qu'est l'ouverture à l'amour envers Dieu et le prochain**.

NB Dans le passage de He, au verset 5, certaines traductions sont ambigües et laisseraient entendre que le Christ, en tant que grand prêtre, devrait offrir des sacrifices pour "ses propres péchés comme pour ceux du peuple" comme il est dit au verset 3. Non, le verset 5 est en rapport avec le 4 et porte sur le fait que le Christ ne s'est pas attribué lui-même sa Mission.

FETE DE TOUS LES SAINTS
(1er Novembre 2015)

Mt 5, 1-12a Ap 7, 2-4. 9-14 Ps 23 1 Jn 3, 1-3

Une journée "portes ouvertes" sur le Royaume de Dieu!

Fil conducteur:

La sainteté est pour tous, puisque Dieu nous a créés pour participer au Bonheur en plénitude de sa propre Vie Trinitaire d'Amour. Cette fête de tous les saints, c'est la **« journée portes ouvertes »** du Royaume de Dieu. Quand je vais à une journée « portes ouvertes » de marque de voiture, j'admire les beaux modèles…mais je sais que ce n'est pas pour moi, pour ma bourse! Ici, avec Dieu, c'est totalement différent : c'est gratuit et il y a la plénitude pour chacun. Quelle que soit sa capacité de Bonheur et d'Amour, chacun sera rempli du Bonheur incommensurable des saints.

Principaux points :

1) Ne pas croire que je suis trop « faible » pour parvenir à la sainteté! En effet, la sainteté, c'est la conjonction de ma faiblesse avec…l'amour miséricordieux de Dieu pour moi! Mais ne pas oublier, surtout, d'ajouter à ma faiblesse une bonne dose d'humilité, mixer avec une confiance amoureuse en Dieu… et c'est prêt à l'usage. Mais après avoir préparé la sainteté, pour diriger ma vie, dans le sens du Bonheur véritable, il me faut en respecter le mode d'emploi. C'est comme tout instrument, toute machine: si on veut que ça marche, il faut d'abord bien se rentrer le mode d'emploi dans la tête! Ce mode d'emploi, Jésus vient de nous le donner dans l'évangile de cette fête, ce sont les BEATITUDES!

2) Parmi elles, il en est deux à effet immédiat, la première et la dernière, encadrant toutes les autres, dont le bon effet ne se fera sentir que plus tard. La première, c'est la **pauvreté de cœur** (pas l'absence de cœur!), c'est se débarrasser des préoccupations **excessives** touchant l'argent, la santé, notre réputation, nos « sécurités », nos « pouvoirs »…pour **laisser la place à l'amour de Dieu et du prochain**. Dans ce cas, le Royaume de Dieu et son bonheur sont « déjà là » par la paix que cela nous procure ! La dernière, c'est **l'acceptation « d'être persécuté pour la justice »**, c'est-à-dire d'aller à contre courant, en témoignant que la vérité l'emporte sur le mensonge, la bonté sur la méchanceté, la douceur sur la violence, l'amour sur la haine! Ces affirmations provoqueront moquerie et persécution. Par le **choix de cette attitude**, nous nous rangeons, par amour, du côté du Christ « en qui nous avons mis notre confiance », au point de réaliser ainsi une participation à ses souffrances pour le salut du monde! Si nous vivons dés maintenant ces deux « béatitudes », alors les autres vont tomber dans notre vie comme des fruits murs qu'il n'y a plus qu'à récolter avec un minimum d'effort. Et dire que nous pensons souvent que cette pratique des Béatitudes n'est pas pour nous mais seulement pour les saints de catégorie spéciale!

3) Tous ces cadeaux, fruits des Béatitudes, que sont douceur, paix du cœur, consolation dans les épreuves, pratique de la justice selon Dieu, pratique du pardon accordé et donné, de la pureté, de la sagesse, nous seront accordés, à notre grand étonnement! Mais, bien sur, il nous faut faire le choix, sincère et toujours répété, de l'Amour comme sens à notre vie. Sans quoi, comme dit Paul, nous ne serions que des « cymbales retentissantes »!

TRENTE DEUXIEME DIMANCHE ORDINAIRE B
(8 Novembre 2015)

Mc 12, 38-44 avec 1 R 17, 10-16 Ps 145 He 9, 24-28

L'obole de la veuve

Fil conducteur :

Cet épisode poignant de l'évangile doit marquer chacun de nous autant qu'il a marqué Jésus. Il est, en effet, introduction à la minute de vérité concernant la réalité de ce que nous prétendons " donner" dans l'Amour. A ce titre, il nous oblige à rejeter l'hypocrisie et à entrer dans la sincérité d'un Amour rénové!

Principaux points :

1) Un examen superficiel de ce passage pourrait faire croire que Jésus nous pousse à classer nos semblables en catégories bien déterminées. Ainsi, les scribes seraient tous des hypocrites parce qu'ils sont scribes, tout simplement ! Mais alors, pourquoi, quelques lignes au-dessus de ce texte, Jésus vient-il de louer un scribe en lui déclarant qu'il n'était pas loin du Royaume de Dieu ? Tout simplement parce que Jésus, contrairement à nous, ne condamne pas l'appartenance à une ethnie, race, profession, catégorie sociale etc…mais il **considère la façon de se comporter**, au sein de cette catégorie. C'est ce qui lui permettra d'être toujours à l'aise pour aborder ceux sur lesquels nous collons volontiers des étiquettes très critiques, comme le faisaient les concitoyens de la samaritaine (Jn 4).

2) Il va faire de même devant le tronc du Temple. Il ne condamne pas les gens aisés qui ont mis **seulement** « de leur superflu » (peut-être certains par ostentation, ou d'autres par simple peur de manquer ?). Il ne parle pas, non plus, des pauvres qui ont mis peu sans, toutefois, se mettre en danger. Il souligne et admire, par contre, la pauvre veuve. Pourquoi ? Parce que, dit-il, elle a **mis « tout ce qui lui restait pour vivre »**. Cela suppose une **confiance totale en Dieu**, une **remise vraie de sa vie, un choix de vivre…** entre les mains de Dieu qui, seul désormais, peut l'empêcher de mourir de faim! Or, c'est justement ce genre de choix que va faire Jésus au cours de sa passion : **se remettre totalement entre les mains du Père**. Le geste de la pauvre veuve va, en quelque sorte, marquer pour Jésus le début de sa passion!

3) D'où l'émotion qui étreint Jésus, mais que les disciples présents ne comprennent pas. **Cette incompréhension va intensifier la souffrance qui saisit Jésus** à la perspective de ce qui l'attend inéluctablement. En ce moment là, Jésus **prend déjà sur lui chacune de ces souffrances éprouvées par nous devant l'incompréhension** de ceux qui ne nous aiment pas, mais, plus encore, de ceux « qui nous aiment » mais ne nous comprennent pas autant que nous en aurions besoin !

C'est un appel solennel que Jésus nous lance aujourd'hui à travers cette scène, celui **d'être attentif à la souffrance du prochain** et…surtout de ce plus proche prochain qui attend de nous son quota d'attention légitime: époux, épouse, parents, enfants, famille et proches, qui souffrent de n'être plus, semble-t-il, que de « simples meubles » dans la maison !

L'appel aussi à être en vérité par rapport à ce que nous « donnons » et comment nous le donnons!

Est-ce que je "donne" ce qui me plait ou ce dont l'autre a réellement besoin et qui donc, alors, plait à Dieu ?

Est-ce que je donne avec le sourire, la joie au cœur ou « en faisant la gueule » ?

Suis-je capable de « donner ma vie » ? Ainsi : « je te prends comme époux(se) et je me donne à toi !» au lieu de remettre indéfiniment l'engagement pour la vie, dans le mariage, parce qu'on ne veut pas « donner » sa chère indépendance !

Qu'attendons-nous pour répondre à cet appel de Jésus ?

TRENTE TROISIEME DIMANCHE ORDINAIRE B
(15 Novembre 2015)

Mc 13, 24-32 avec Dn 12, 1-3 Ps15 He 10, 11-14.18

Fin du monde ou venue du Jour nouveau ?

Fil conducteur :

Les bouleversements inhérents à l'ambigüité de ce monde sont inévitables et sans rapport avec la "fin du monde" actuel et la venue du nouveau, dont la date est connue de Dieu seul. Mais il y a une évolution de ce monde, dans laquelle nous avons à nous impliquer en faisant le choix de l'Amour dont l'assurance de son triomphe final, inéluctable, nous fait traverser nos épreuves dans l'espérance.

Principaux points :

1) Incompréhension totale des disciples…et de nous, par rapport à **l'essentiel**, auquel Jésus veut nous ramener tous et que nous ne voyons pas ! Il vient de magnifier le désintéressement de la pauvre veuve et ses disciples, eux, répondent en s'extasiant sur la richesse du Temple. Il va essayer de nous montrer **l'essentiel pour notre vie : se préparer au Royaume qui vient,** mais nous, c'est à la recherche du **sensationnel** que nous nous attachons, c'est le côté apocalyptique de la fin du monde, qui nous hypnotise, que nous cherchons et craignons, en frissonnant !

2) Aussi, Jésus va-t-il mettre les points sur les i : la raison humaine ne peut déduire la date et les modalités de ce retour du Christ venant inaugurer les « temps nouveaux ». Ce retour sera précédé des nombreux bouleversements qui atteignent l'humanité dans ce monde où le Bien et le Mal s'affrontent, tout en respectant notre nécessaire liberté d'adhérer à l'un ou à l'autre. Même Jésus, le Fils, **dans sa nature humaine** qu'il partage avec nous, est dans la même incertitude que nous ! Certains de ces bouleversements telle la destruction de Jérusalem, se produiront avant même que soit passée la" génération" dans laquelle Jésus a vécu !

3) Mais, dans la mesure où nous sommes **attentifs à la Bonne Nouvelle et à son implication dans notre vie** concrète, nous serons capables de voir **les « signes des temps»** qui balisent notre marche vers le Royaume, telles des « glissières de sécurité » efficaces, au milieu de tous les événements de l'histoire. Nous avons donc aujourd'hui **un choix à faire** :
    - **confiance en Dieu,** qui nous parle d'abord des bourgeons prometteurs du figuier et non des parasites ou de la grêle, d'espérance, de bonheur et non de peur…
    - **ou méfiance envers Dieu**, les autres, envers l'amour, avec repli dans la rancune, la haine, le malheur, les fausses sécurités de toutes nos convoitises stupides (et jusqu'à ces « garanties » offertes par la magie et les horoscopes « infaillibles »!).

4) Certes, la tentation du mauvais choix peut être grande pour nous, **du fait des épreuves** que Jésus vient de nous évoquer et dont nous avons des échantillons douloureux !

Du fait aussi des **dérapages de notre société**. C'est alors qu'il nous faut discerner les signes des temps que sont :

- **les progrès de l'humanité** : l'abolition de l'esclavage, les efforts de paix, même insuffisants hélas, l'instruction, la santé, les moyens de communication, la liberté (même si d'aucuns en abusent !)…
- **les efforts d'améliorations**, même timides ou encore insuffisants, de mon conjoint, de mes enfants, de mes parents et de mes proches…et aussi de moi-même !

Préparons donc **dés maintenant** et **déjà pour maintenant, ce monde nouveau, le Royaume,** en faisant concrètement et librement le bon choix que nous propose Jésus. En effet, au retour du Christ, « les dés auront été jetés… » !

DERNIER DIMANCHE ANNEE B CHRIST-ROI
(22 Novembre 2015)

Dn 7, 13-14 Ps 92 Ap 1, 5-8 Jn 18, 33b-37

Dans la Royauté du Christ se rencontrent l'Amour et la Vérité.

Fil conducteur :

Dans cette fête du Christ-Roi, avec ce dialogue entre Jésus et Pilate, nous atteignons le sommet de toute la REVELATION, à savoir que DIEU est AMOUR. Tout le reste en découle : la liberté de l'homme, sa destinée fantastique de participation au BONHEUR même de Dieu, l'incarnation, la rédemption…. Mais aussi, nous est montrée la place centrale de la VERITE dans cette révélation : "Amour et Vérité se rencontrent…!" Ps 85 (84). En conséquence, notre adhésion à la Vérité devient impérativement la condition de notre Bonheur, dés maintenant et pour la Vie qui n'aura pas de fin!

Principaux points :

1) **Cette fête du Christ Roi arrive en fin d'année liturgique,** comme le couronnement de la vie publique de Jésus et de ses enseignements.

Paradoxalement, ce n'est pas au moment où les "sondages" étaient au top, quand la foule de Jérusalem voulait le proclamer roi, que Jésus lance cette véritable bombe, devant Pilate incrédule : « Tu l'as dit, **je suis roi !** » C'est dans ce moment de faiblesse extrême ou il est livré, qu'il déclare sa royauté et, **en quelques phrases, il révèle la Vérité entière au monde, sur Lui-même, sur Dieu, sur l'homme et sa destinée!**

Jésus est donc à contre-courant des usages de la politique et des médias du monde. Quand on veut être Roi ou Président de la République, ce n'est pas, en effet, comme ça qu'il faut faire ! Cela montre que **le Royaume du Christ n'est pas de ce monde.**

2) **Mais qu'est-ce que la royauté du Christ ?** Jésus nous l'explique dans cet évangile de l'entrevue avec Pilate : « …je suis né, je suis venu en ce monde pour rendre témoignage à la Vérité… » : Christ est artisan, témoin/ transmetteur de la Vérité, à savoir que **Dieu est Amour.** En sa personne, en sa mission, il est le témoin irréfutable, la **preuve vivante de cette vérité admirable que Dieu est AMOUR!** Sa royauté, c'est donc la **victoire finale de l'amour, en Lui qui est Amour et Vérité.** C'est la victoire sur « le menteur », Satan, roi du mensonge et de la haine et ses comparses, qui se démènent dans le monde d'aujourd'hui, dans un combat destructeur acharné, mais désespéré pour eux !

3) **Nous sommes pris dans ce combat,** nous qui écoutons la voix de Jésus, dans notre désir de trouver le BONEUR en appartenant à la Vérité, à l'Amour. Mais avons-nous **vraiment** choisi le camp du Christ Roi ? Et pour cela, avons-nous **opté pour l'Amour en étant, nous aussi témoins de la Vérité ?** Il est curieux de voir comment nous réclamons la « vérité », à cor et à cri de la part …des autres ! On veut que « la lumière soit faite », n'hésitant pas, parfois, à provoquer imprudemment pour cela l'Esprit Saint. **Mais cette vérité, la voulons nous par amour et dans l'amour ?** Or, l'un ne va pas sans l'autre ! Sans amour, l'exacte réalité n'est plus que **lucidité froide** et l'on assène aux autres des soi-disant vérités, qui sont plutôt des paroles assassines, induisant souffrances, agressivité et non paix véritable.

4) **Sans vérité, il n'y a pas d'amour,** c'est impossible ! Pour autant il ne faut pas « tout dire » ! Ce serait parfois certainement contraire à la charité. Par contre, la vérité exige, **en négatif,** de :
   - **Ne pas faire semblant de donner**…de l'amour (qs)
   - Ne pas faire semblant d'accepter une dépendance d'amour alors qu'on garde sa chère **indépendance.**
   - **Ne pas camoufler** systématiquement nos fautes derrière des mensonges de plus en plus énormes, (même si nous craignons d'être abandonné), mais revenir à la vérité, dans la **transparence** (cf « Réponses chrétiennes…chap.7 , page 68 du Tome 3»). Donc, faire en sorte que notre portable puisse être « examiné » par le conjoint et qu'en fin de compte, ce conjoint n'aie même plus envie de l'explorer !

En positif, notre option pour l'Amour et la Vérité doit se traduire dans notre vie concrète en faisant:

- **La vérité sur moi** qui suis « merveille de Dieu », mais aussi pécheur, appelé à entrer dans la Miséricorde. Donc, ne plus me présenter comme un **"sauveteur"**, le sauveteur qui incommode tout le monde par ses conseils, ses remontrances, ses ordres à tort et à travers. Ne plus me prétendre, non plus, « **victime** » des autres, des événements et de Dieu, toujours en train de se plaindre où de réclamer, rendant la vie impossible à l'entourage.
- **La vérité sur les autres**, en voyant leurs défauts réels, certes, mais aussi tous leurs bons côtés, leurs capacités à bien faire. Je dois alors **regarder les autres comme Dieu les regarde**, eux qui sont enfants de Dieu comme moi!
- **La vérité sur Dieu, source de l'Amour et de mon Bonheur**, que je dois reconnaître comme mon créateur, et non comme un « distributeur de billets » dont nous pensons détenir le code (« chrétien pratiquant »), et dont nous manions les touches qui sont :

« réussite de tous mes projets, argent, santé, considération, pouvoir etc »…, sans compter la touche spéciale (« autre demande ») si toutefois nous avons le toupet d'y taper, celle permettant d'obtenir « victoire sur mes ennemis, vengeance et rancune… ».

5) Or, je prétends écouter Dieu, écouter sa Parole. **Mais si je ne suis pas en vérité sur tous les points qui précèdent, je ne fais que manipuler cette Parole,** l'utiliser à mes fins, comme le démon quand il tentait Jésus!

Une fois décidé à être en Vérité, conformément au Christ, je dois, nous dit Saint Jacques, **passer par où il est passé**….c'est à dire accepter de vivre une part de la souffrance du Christ Lui-même, **en participant, par amour, au salut du monde. Je dois accepter de porter, comme dit Saint Paul, ce qui "manque" encore aux souffrances du Christ pour la victoire définitive de l'Amour.** Le Christ, notre roi, nous donne, par là, l'accès **au Bonheur définitif** dans son Royaume et l'assurance d'y régner avec Lui par l'Amour!

LIVRES DU MEME AUTEUR

En marche vers le vrai bonheur (catéchèse) - ISBN 978-3-8416-9839-1
Réponses chrétiennes à quelques questions
(anthropologie) Tome1 ISBN 978-3-8416-9824-7
        Tome 2 ISBN 978-3-8416-9864-3
        Tome 3 ISBN 978-3-8416-9884-1

Oui, je veux morebooks!

I want morebooks!

Buy your books fast and straightforward online - at one of the world's fastest growing online book stores! Environmentally sound due to Print-on-Demand technologies.

Buy your books online at
www.get-morebooks.com

Achetez vos livres en ligne, vite et bien, sur l'une des librairies en ligne les plus performantes au monde!
En protégeant nos ressources et notre environnement grâce à l'impression à la demande.

La librairie en ligne pour acheter plus vite
www.morebooks.fr

OmniScriptum Marketing DEU GmbH
Heinrich-Böcking-Str. 6-8
D - 66121 Saarbrücken
Telefax: +49 681 93 81 567-9

info@omniscriptum.com
www.omniscriptum.com

www.ingramcontent.com/pod-product-compliance
Lightning Source LLC
Chambersburg PA
CBHW032010080426
42735CB00007B/557